ワンフレーズ論理思考

ONE
PHRASE

堀 公俊
Kimitoshi Hori

日本経済新聞出版社

はじめに

「論理」という言葉を感覚的に使ってない？

「君、もっとロジカルに話をしてくれないか」。上司からそう言われたら、皆さんはどのように話をしますか。

仕事に限らず、「論理的」「合理的」「ロジカル」という言葉を日ごろからよく使います。「あの人の考えは論理的だ」「合理的に考えるとこうなる」「ロジカルに考えてそれはおかしい」といったように。

ところが、「じゃあ、論理的とはどういうこと？」と問われると、多くの人は口ごもってしまいます。案外、それが何を意味するかを知らずに、感覚的に使っているケースが大半。お互いが理解しているものがズレているかもしれません。

「論理的」「ロジカル」とはいったい何でしょうか。ひとつ例を挙げて考えてみましょう。

今から挙げるのは、太宰治の名作『走れメロス』の冒頭の部分です。平易な文章で書かれており、読めば理解できます。この文章をもっと論理的にするには、どのように加筆修正をしたらよいでしょうか。自分なりに少し考えてから先をご覧ください。

メロスは激怒した。必ず、かの邪智暴虐の王を除かなければならぬと決意した。メロスには政治がわからぬ。メロスは、村の牧人である。笛を吹き、羊と遊んで暮して来た。けれども邪悪に対しては、人一倍に敏感であった。

手を加えると見違えるほどロジカルに

こんなことをするのは野暮なのは承知で、私もやってみました（太宰さん、スミマセン！）。いかがでしょうか。何となく原文よりロジカルな気がしませんか。

一言で言えば、メロスは激怒した。**そして**、必ず、かの邪智暴虐の王を除かなければならぬと決意した。**にもかかわらず**、メロスには政治がわからぬ。**なぜならば**、メロスは、村の牧人**だから**である。**とりわけ**、笛を吹き、羊と遊んで暮して来た。**とはいえ**、邪悪に対しては、人一倍に敏感であった。

適度につなぎの言葉を挟み込むことで、個々の文章のつながりが分かりやすくなりました。その結果、メロスの感情や決意がどこから生まれてきたか、理解しやすくなりました。もちろん、これだけ加筆しても疑問が残ります。たとえば、なぜメロスは激しく怒ったのでしょうか。その理由は、物語を盛り上げるために、後になって出てきます。人を信じられない王様が、親族や臣下を殺した後、一般人に人質を出すことを要求し、拒めば殺されてしまうからです。

こうやってメロスの思考や行動の筋道を丹念に明らかにしていけば、ストーリーへの理解は格段に深まります。これこそが論理です。

10人中10人が納得する筋を通す

論理（ロジック）の意味を辞書で調べると「思考の筋道」と書いてあります。それが明らかなさまが論理的（ロジカル）です。

いきなり「メロスは激怒した」とだけ言われても、筋道が分かりません。「勝手な思い込みで罪のない人を次々と殺している」と言えば筋が通ります。理由をすっ飛ばすと相手に伝わりません。

ただし、筋道といっても、どんな道でもよいわけではありません。10人中10人が「なるほど……」と思える筋道でないと理解してもらえません。

たとえば、〈民が苦しむ〉➡〈激怒する〉というのは、多くの人が理にかなっていると認めるでしょう。しかしながら、〈激怒する〉➡〈殺す〉というのは10人中10人とはいきません。「王を諌《いさ》める」「対抗措置を講じる」「見限って出ていく」といった他の筋道が考えられるからです。

ところが、ここに「メロスは、単純な男」という情報が加わればどうでしょうか。「他の選択肢を考えなかったな」と理解する人が増えるのではないかと思います。さらに、今日は6人殺されたとなれば、「やむを得ない」「一刻を争う」とほとんどの人が思うのではないでしょうか。

もちろん、いつも実際に10人に尋ねて何人が筋を理解できるか確かめる必要はありません。筋が成り立つためには、一定の条件やルールがあるからです。それらを満たしていれば、「筋が通っている」と判断されます。

それこそが論理思考（ロジカルシンキング）です。万人が認める筋の通し方を覚えて、みんなが認める筋道で物事を考えようというのです。だから、誰にでも伝わるわけです。

ワンフレーズから始める論理思考

論理思考の本をひも解くと、演繹《えんえき》法、帰納法、因果関係、三角ロジック、MECE《ミッシー》といったロジカルシンキング〝業界〟用語があふれかえっています。

小難しい話に脳みそがかゆくなって、挫折した方も多いのではないかと推察します。何とか頑張って理解しても、ディベートでもしない限り、実際の日常生活で使えるところはほとんどありません。第一、そんなものを振りまわすと「意識高い系だ！」と嫌がられるのがオチです。

多くの人が求めているのは、コンサルタントや弁護士が用いるような厳密なロジックではありません。「経験や直観ばかりに頼らず深く考えたい」「もっと分かりやすく自分の話を伝えたい」「一読で分かる文書をつくりたい」といった、思考やコミュニケーション上での悩みを解決したいのです。そのための〝普段使い〟のロジカルシンキングが求められているのではないでしょうか。

そこで、お勧めしたいのが、筋を通すときに用いるフレーズを活用することです。

先ほど原文に書き加えた、「一言で言えば」「そして」「にもかかわらず」「なぜならば」「だから」「とりわけ」「とはいえ」といった言葉です。

これらは、〈結論〉➡〈理由〉、〈選択肢〉➡〈優先順位〉といった論理の接続を表したり、次に出てくる論理展開を前もって知らせる役目をしています。正しく使えば、論理が見違えるほど明確になってきます。フレーズを口にすることで、論理的に考えざるをえなくなります。それが**ワンフレーズ論理思考**です。

言葉が変われば、思考が変わる！

私たちは、必ず言葉を使って物事を考えます。言葉を使わずに考えごとをするなんて芸当はできません。言語と思考は一体のものです。

英語のロジックの語源は、ラテン語の「ロゴス」です。論理（理由、意味、真理）と言葉の2つの意味を持っています。

また、中世のリベラルアーツ（教養）は、文系3科（文法学、修辞学、論理学）、理系3科（代数学、幾何《きか》学、天文学）、芸術系1科（音楽）とされていました。やはり、論理と言葉とは一体のものとしてとらえられていたわけです。

言葉を適切に使うことがロジカルシンキングの上達には欠かせません。言葉を正しく使い、言葉を巧みに組み合わせ、言葉で的確に意味を表す。そうすれば、自然と思考も磨かれていきます。まさに「言葉が変われば、思考が変わる」です。

本書では、ロジカルシンキングを進めるのに欠かせないワンフレーズを厳選して紹介していきます。あわせて、背景にある論理思考の考え方を解説し、日常会話でのうまい使い方をお伝えしていきます。いずれも、ファシリテーターとして長年活動してきた私の経験から培われたものです。

ファシリテーターは、話し合いのプロセスを舵取りしながら、合理的で納得感のある合意を紡ぎ上げていきます。そのためには、必要に応じて個々の意見のロジックに「なぜ？」

「たとえば？」とツッコミを入れていかなければなりません。これから紹介するワンフレーズが欠かせないわけです。

本書を通して読むだけでロジカルシンキングの基礎が身につきます。気に入ったものを1つでも口癖にできれば「最近、論理的になってきたね」と言われること請け合いです。さらに、24個のフレーズを自由自在に組み合わせて使えるようになれば、立派な論理思考の使い手になれます。

「ワンフレーズ論理思考」は私たちの思考を豊かにしてくれます。人と人のコミュニケーションを促進してくれます。ひいては、人・組織・社会が抱える多くの困難な問題を解決する一助となります。そのことを切に願って筆を進めていきたいと思います。

2016年11月

堀　公俊

『ワンフレーズ論理思考』目次

第3章 一段深く考えるための「実践フレーズ8」

原因系

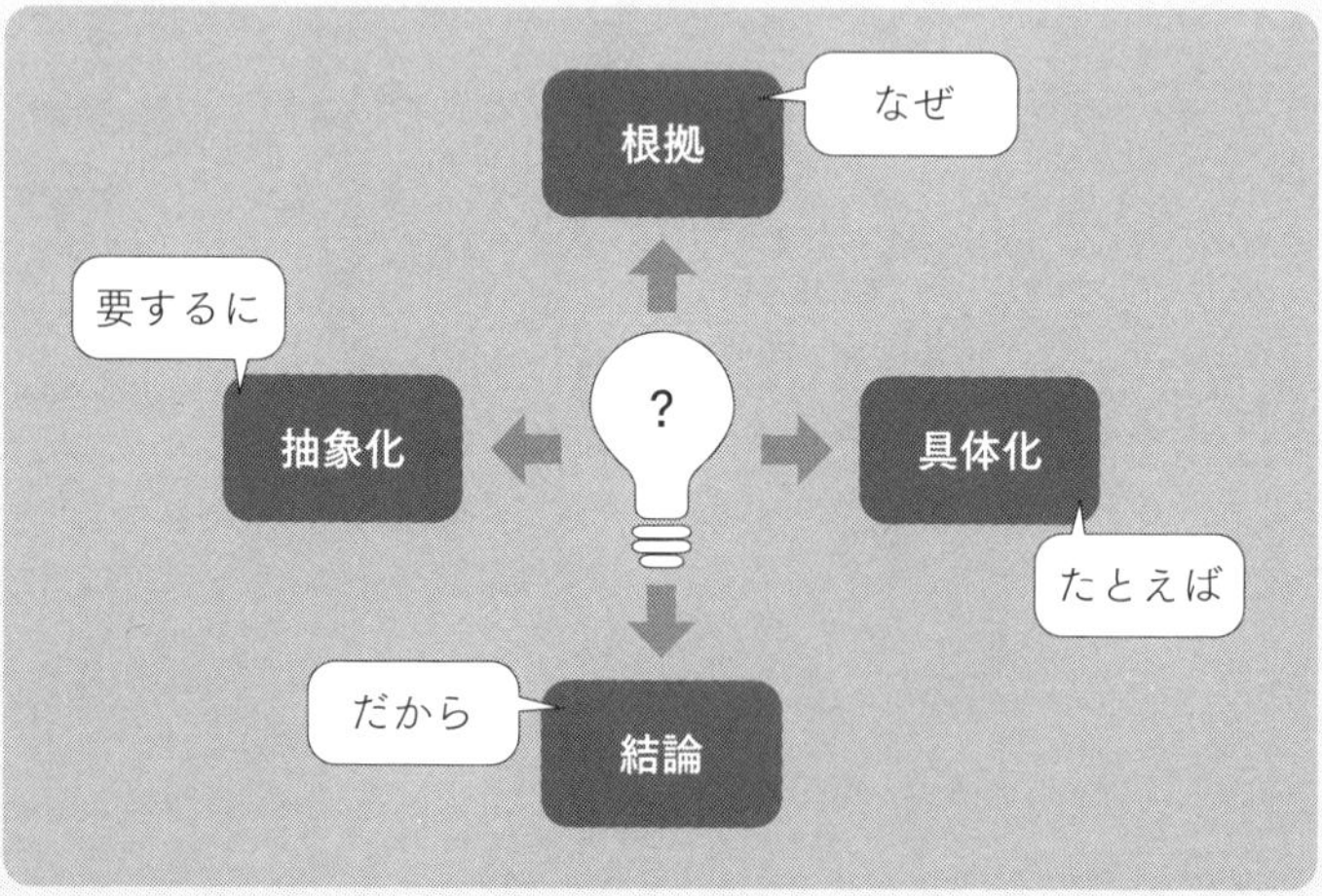

目的系

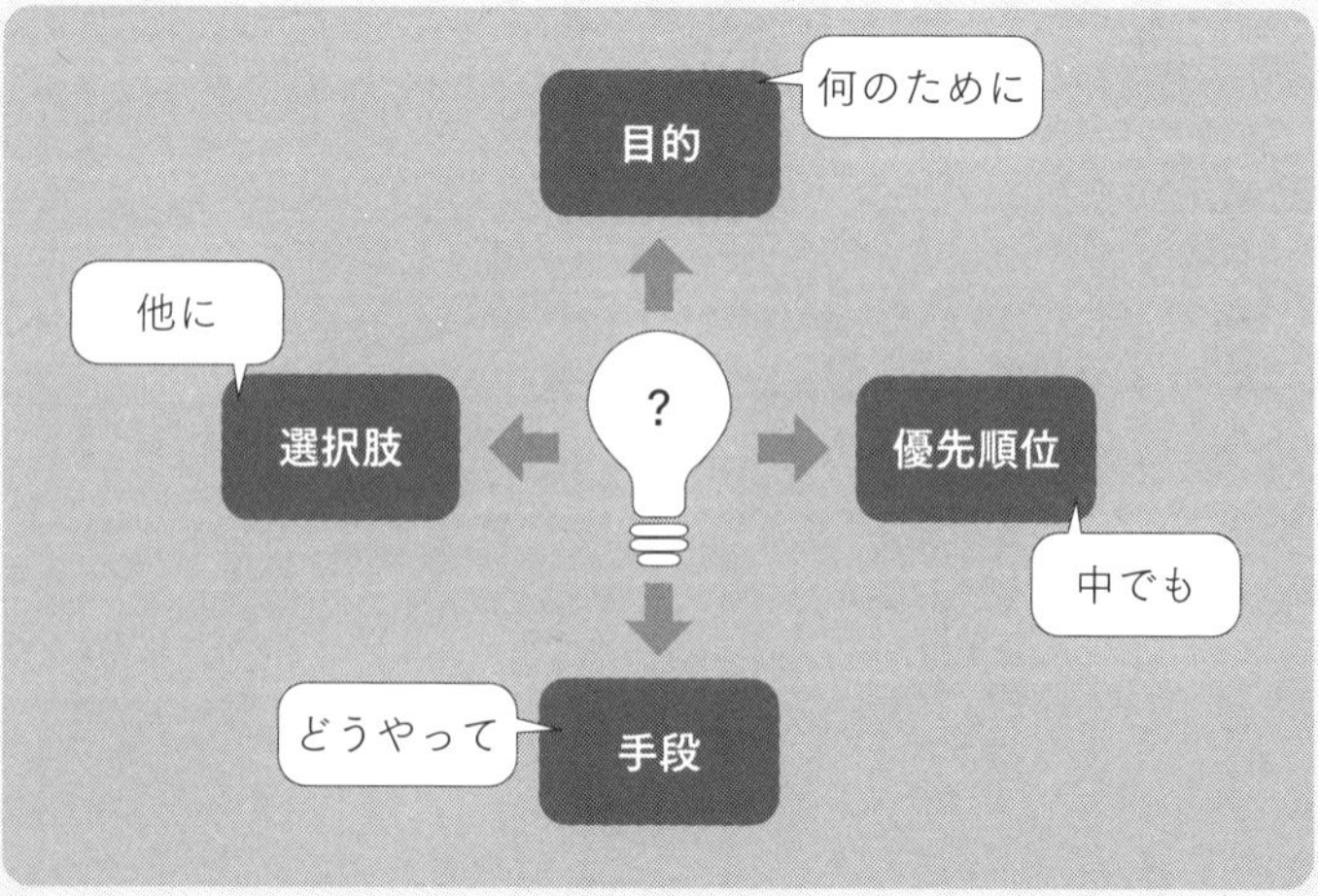

第1章

論理的に考えるための「基本フレーズ8」

論理思考で用いる筋道は、大きく「原因系」と「目的系」に分かれます。それぞれ4つずつ代表的なワンフレーズを解説していきます。

ロジカルフレーズ❶
根拠を明らかにする

なぜ

火のないところに
煙立たず

>>>> コピー機の前の行列に割り込むには？

急いでコピーを取らないといけないのに、コピー機の前に行列ができています。先頭の方にどう言えば、先にコピーを取らせてもらえるでしょうか。

心理学者のエレン・ランガーが、言い方によって承諾率が変わるかどうかを実験してみました。「すみません、先にコピーを取らせてもらえませんか？」と要求のみを伝えると、約6割の人が譲ってくれました。結構、人って優しいですね。

それに、「すみません、急いでいるので、先にコピーを取らせてもらえませんか？」と理由を付け加えると、なんと9割以上の人がOKしてくれました。

面白いのはここからです。「すみません、コピーを取らなければいけないので、先に取らせてもらえませんか？」と理由にならない理由をつけても、承諾する割合は変わらなかったのです（ただし、枚数が多い場合は、理由なしと同率になります）。

つまり、人に何か頼むときは、単に「○○してほしい」と要求を伝えるのではなく、「○○だから○○してほしい」と理由をつけると、聞いてもらいやすいということです。しかも、些細なお願いなら、どんな理由であっても関係がないようです。

理由を添えると、お願いの「意味」がよく分かります。だから、相手に協力しようと思うのです。

＞＞＞すべてのことにはワケがある

人間は意味を求める動物です。

早い子だと2歳、遅い子でも4歳になれば「なんで？」と言いだすようになります。大人になると、運命や偶然に対しても、「なぜ、私だけが……」と意味を探そうとします。

すべてのことにはワケがある。これが論理思考の大前提です。

ワケとは道理や意味、ひいては原因、理由、根拠などを指します。論理的に考えるとは、原因と結果、理由と結論、根拠と主張といったように、〝ワケあり〟で物事を考えることです。

「○○なんだよ」「○○と思うけどね」と言いっぱなしにせずに、必ず**「なぜなら」（どうしてかといえば、その理由は、ワケを言うと、というのは）**といったフレーズを付け加えましょう。

OK **ミスしてしまった。（結果）なぜなら、**不注意だったからだ。（原因）

OK **発売は取り止めだ。（結論）そのワケは、**品質が安定しないから。（理由）

OK **女性に活躍の場を。（主張）というのは、**活用が不十分だから。（根拠）

逆に、ワケが明らかでない、次のような言いまわしは感心しません。

NG **何となく、うまくいくような気がするんだけどなあ……。**

NG **ほら、世の中とはそういうもんじゃないですか。それでいけるはずですよ。**

NG **ともかく、ダメなものはダメなんです！**

>>>>「なぜ?」を繰り返して本質に迫る

本節で覚えてほしいワンフレーズは「なぜ」（なんで、どうして）です。理由や根拠を引き出すのに使います。

物事を考えるとき、日常の会話の中、会議や交渉のときに、なぜを問うことで考えの筋道がハッキリしてきます。「なぜ?」（why?）はロジカルシンキングでもっとも重要なフレーズです。

OK **海外で働きたい――（なぜ?）国際感覚を身につけたいから。**

OK **発売を遅らせるべきだ――（なぜ?）クレームになったら大変なことになるから。**

いつもすぐにワケが見つかるとは限りません。そんなときは、なぜを何度も問うことで、根本的なワケを探していきます。いわゆる、トヨタ流の「なぜを5回繰り返せ」（5-Whys）

です。

OK なぜ、こんな事故が発生したのか？——機械の操作を誤ったからだ。

OK なんで、機械の操作を誤ったのか？——ルール通りやらなかったからだ。

OK どうして、ルール通りにしなかったか？——時間が短縮できるからだ。

OK なにゆえ、時間を短縮しようとしたのか？——早く次の作業をしたいからだ。

OK どんなワケで、早く次の作業をしたいのか？——やるべきことが多すぎるからだ。

こうすることで、物事の本質や本当の意味が浮き彫りになります。物事を深く考えるためには、安易に分かった気にならず、なぜを問い続けることが重要です。

>>>> 本当に起こったこと、いつも起こること

ただし、理由なら何でもよいわけではありません。「論理とは、10人中10人がそうと思える筋道だ」という話を前にしました。通りやすい理由と通りにくい理由があります。

コピーの話にしても、単に「私、急いでいるんです」と言うのと、「5分後に始まる役員会でこの資料を配りたいと社長が……」と言うのでは、どちらに説得力があるでしょうか。

前者は主観的な判断であり、すべての人がそう考えるとは限りません。下手をすると「そう？　私にはそう見えないけど」と反論されかねません。

ところが、後者は客観的な事実であり、誰が見ても急がないといけない状況にあることが理解できます。当然、後者のほうが通りやすくなります。

「本当に起こったこと」は理由として通りやすくなります。なるべく、事実を理由として挙げるようにしましょう。

NG **早急に挽回策を打たないといけないぞ。（なぜ？）このままではヤバいからな。**

OK **早急に挽回策を打たないといけないぞ。（なぜ？）売上が20％以上も落ちているからな。**

もうひとつ、理由として通りやすいのが「いつも起こること」です。パターン、トレンド、原理、一般的法則などです。こちらも万人が認める理由となります。

NG **あまり無理をしないほうがいいよ。（なんで？）ほら、山田君が定年を前に倒れただろ。**

OK **あまり無理をしないほうがいいよ。（なんで？）君、血圧が高い上にタバコを吸うだろ。**

>>>>根拠の幅をなるべく広く取る

もうひとつ、理由や根拠を挙げるときのポイントがあります。

理由や根拠はたくさんあったほうが通りやすくなります。1つより2つ、2つより3つと、なるべくたくさん挙げると説得力がアップします。

だからといって、同じ理由をいくら挙げても意味がありません。下手をすると、逆効果になる恐れすらあります。

NG **会社を辞めたいんだよ。（どうして？）だって、上司がワンマンだし、言い方が怖いし、優しく教えてくれないし、顔が気に食わないし……。**

ほとんど上司の話ばかり。「なんだ。それしかないの？」と言いたくなります。主観的な話ばかりで、事実かどうかも怪しいですし……。こんなときは、違った視点から根拠が出せないか考えてみましょう。根拠の幅を出すのです。

OK **会社を辞めたいんだよ。（どうして？）だって、上司がワンマンだし、仕事がキツイし、業績も不安定だし……。**

根拠の幅は、説得力を高めるのに重要な要素です。幅の出し方にもコツがあるのですが、第2章の「1つ目は」のフレーズの箇所（110ページ）で紹介することにします。

One

ロジカルフレーズ❷
結論を導き出す

だから

オチない話は
意味がない

>>>> 飲むだけでロジカルになれるドリンク

いつも新商品が出るたびに感心させられるのが、ネーミングの秀逸さです。特に食料・飲料品には「よく考えたよな……」と思わせるものが多数あります。

中でも私のお気に入りの商品が1つあります。これを飲み続ければ「ロジカルシンキングの力が高まるかも？」と思わせるネーミングです。論理力が不足していると思われる方にお勧めです。どこの会社の何という商品だか分かりますか。

ずばり、サントリーの機能性飲料「DAKARA」です。

同社のホームページでの説明によると、この商品は「14種類の素材と純水だけでできています」「素材由来のミネラルやアミノ酸、クエン酸などを含んだ体にやさしい水分補給飲料」「すっきりとして飲み飽きない味わいに仕上げている」そうです。

だから（DAKARA）、「毎日の水分補給飲料として幅広くお楽しみいただけます」と論理がつながります。単なる清涼飲料ではなく、水分補給という身体に不可欠な機能を備えた商品であることを訴えたかったのでしょう。「だから」という言葉で、飲む理由があることを説明しているわけです（「カラダ」とも引っかけているそうです）。

≫≫≫集めた根拠から適切な結論を導く

「だから」は、根拠と結論をつなぐのに欠かせない言葉です。

前節で、「論理思考では、起こっていることや考えていることのワケを明らかにすることが大切だ」という話をしました。結論⬇根拠といった流れです。

一方、物事を判断するときは、根拠⬇結論の順番で考えるのが普通です。事実や原理を集めて、そこから結論を導き出します。その時に欠かせないのが**「だから」（ということは、したがって）**です。

OK **黒い雲が湧き上がってきた。（根拠）だから、**雨が降るかもしれない。（結論）

「だから」はいくらでもつなげられます。AならB、BならC、CならD……といったように。前節で述べた「なぜを繰り返す」の逆バージョンです。

OK **黒い雲が出てきた。だから、**雨が降るかもしれない。**ということは、**傘を持っていかなければいけない。**したがって、**置き忘れないようにしよう。**だから**……。

ただし、道筋の途中に怪しいものが混じってしまうと、どんどん妙な方向に論理が進んでしまいます。いわゆる「風が吹けば桶屋《おけ》がもうかる」の論法です。1つひとつが本当に成り立つのか、いつでも成り立つのかをチェックすることが大切です。

＞＞＞＞本当にそうか？　他にないのか？

根拠は必ずしも1つとは限らず、時にはいくつかの事実や情報から結論を導きます。

OK **人事課では「報・連・相」が少ない。他の人の仕事に無関心だ。今月も1人会社を辞めた。だから、上司のマネジメントに問題があるんだよ。**

根拠が3つもあると、もっともらしく聞こえます。ただし、この論法を使うときに気をつけないといけないポイントが2つあります。

ひとつは、「これだけの根拠でそれが言えるか？」です。この例でいえば、上司と部下の関係についても調べたほうが確実かもしれません。なるべくヌケモレがないよう根拠を見つけだしましょう（これをロジカルシンキング業界ではMECE《ミッシー》と呼びます）。

もうひとつは、「他のもっと適切な結論を導くことができないか？」です。仮にそれが言えたとしても、もっと優れた結論があるならそちらを重要視すべきです。この例にしても、マネジメントのせいではなく、仕事量が多すぎることが諸悪の根源かもしれません。
この2つは、複数の事実から共通点（法則・ルール）を導くときも同じです。

NG **山田部長はA大学の出身だ。田中部長もA大学。佐藤部長も。したがって、部長になるにはA大学を出なければいけない。**

たった3人でそれが言えるでしょうか（サンプル不足）。集めた事実に偏りはありませんか（偏向）。3人に別の共通点はないのでしょうか。3人とも運動部の主将だったとか。そちらがA大学よりも重要な要因ということは考えられませんか（因子の取り違え）。
このように、根拠から導き出す結論は、よく考えないと見誤ってしまいます。「本当にそうか？」「他にないのか？」と自問自答することが大切です。

＞＞＞因果の見極めの落とし穴

簡単なクイズをやって、ここまでの話の理解度を確かめてみましょう。次の発言は筋が通っているようで通っていません。どこがおかしいでしょうか。

NG **業績が高い会社に見られる共通点に、社員がイキイキと働いていることがある。だから、もっと社員を活性化させれば、会社の業績がアップするに違いない。**

お分かりになりましたか。ひとつは、社員活性化（原因）⬇業績向上（結果）なのか、業績向上（原因）⬇社員活性化（結果）なのか、この話だけでは分からないことです（因果の取り違え）。

OK **業績が高い。だから、社員が活性化している。あるいは、社員が活性化している。だから、業績が高い。いったい、どちらなのでしょうか？**

もうひとつは、隠れた他の原因（第3の因子）があるかもしれないことです。業績もイキイキもその結果であると。

OK **社長が優れたリーダーシップを発揮している。だから、業績も高く、社員がイキイキ働いているという可能性はありませんか？**

いずれの場合も、社員を活性化させても、業績が上がるとは限らなくなります。このように、2つの事象につながりがあったとしても、何が原因で何が結果かは、よく考えないと間違ってしまいます。慎重に因果を見極めるようにしましょう。

≫≫≫根拠と結論をセットにして議論する

ときどき、「あいつは許せない」「無理に決まっている」といった言いっぱなしの意見を吐く人がいます。そんな人には「なぜ？」（Why？）で根拠を求めるようにします。

NG **そんなのありえないよ！**

OK **なぜ？（どうして？　根拠は？　そのワケは？　理由は何でしょうか？）**

逆に、「○○となっています」「○○という話もあります」と考える材料だけを提示して、他人事みたいに解説する評論家タイプがいます。「だから？」（So What？）を使って結論を明らかにします。

NG **付き合いが悪い若者が増えてきていますね。**
OK **だから？**（なので？　で？　とおっしゃいますと？　というと？）

こうやって、根拠（なぜ）と結論（だから）をワンセットにしてこそロジカルな議論になります。両者を行ったり来たりすれば、本当に考えていることが見えてくるのです。

NG **そんなこと、できるはずがないだろ。**
OK **なぜ**、**そう考えるのですか？**
NG **やり直す時間はないし、従業員も嫌がるだろうし、私だって……。**
OK **だから？**
OK **う～ん。つまり、やり直す気にならないんだよ。**

One

ロジカルフレーズ❸
考えを抽象化する

要するに

木を見ず、
森を見よう

>>>> なんでここにサインしないといけないの？

ある地方空港での出来事です。優先搭乗のアナウンスが流れる中、搭乗口そばのトイレから出るなり、いきなりサインを求められました。トランシーバーを持った若い女性の係員に。

「先ほどお客様からお預かりした荷物に破損箇所が見つかりました」

「それなら、荷物を預けたときに、破損箇所を確認してサインをしましたけど……」

「ハイ、新たにもう1箇所見つかったので、あらためてお客様の確認のサインをいただきたいのです」

預けたのは、日本全国津々浦々を引きずり回したキャスター付きのバッグ。車輪のゴムははるか昔になくなり、底は擦り切れて穴があき、伸縮自在のハンドルは収納できなくなっています。まさに満身創痍《そうい》といった状態です。

要するに、航空会社は「後でイチャモンをつけられては困る」とサインを求めているわけです。つまり、こんなオンボロを預けられると、迷惑なのです。一言で言えば、ボロすぎるのです。端的に言えば、「いい加減、買い換えたら?」という話です。

そんなふうに瞬時に思考が駆け巡り、多少ムッとしたものの、ここで声を荒げるのも大人げない。素直にサインして搭乗口へと向かいました。でも、どうして私が持ち主と分かったんだろう……。

>>>>ときにはズームアウトして眺めてみる

私たちは膨大な情報に囲まれて生活しています。細かいことに振り回されていると、本質を見失いがちになります。ときには、枝葉(ディテール)を切り落として、幹(エッセンス)の部分だけを取り出すことが大切です。

これを「抽象思考」と呼びます。いわゆる「木を見ず森を見る」です。一段高い視点で物事をザックリととらえる考え方です。そのために役立つのが**「要するに」（つまり、言ってしまえば、一言で言えば、端的に言えば）**というフレーズです。

OK **要するに、ここにサインすればいいのですね。**

OK **つまり、**航空会社**には責任はないと言いたいわけですね。**

OK **端的に言えば、サインが面倒なら買い換えろ、とおっしゃりたいのですね。**

こうすると、係員が求める行為の意味が明らかになります。視点を高くすればするほど、本当は何が言いたいか、本質が見えてきます。グーグルマップをどんどんズームアウトして俯瞰《ふかん》的に眺めているのに似ています。

抽象化は、論理的に考えるのに欠かせない思考法のひとつです。抽象化することで、物事の筋道がハッキリと見えてくるからです。

>>> 要するに、何が言いたいの？

みんなで議論しているときに、自分が何を言いたいか見失うことがあります。そんな時こそ抽象化の出番です。いったん、「要するに」でポイントを明らかにしてみましょう。

OK **最近は○○の要望が多いし、他社では△△に取り組んでいるというし……（あれ、何言いたいんだっけ？）。要するに、効率化にもっと力を入れるべきなんです。**

さらによいのは、「つまり」と言いたいことを先にまとめてから、「たとえば」「というのは」と具体的な説明をすることです。

OK **つまり、事務効率化にもっと力を入れるべきなんです。たとえば、他社が取り組んでいるような△△といった方法が……。**

細かいところにとらわれて、要領を得ない発言をする人がいたら、抽象化するように求めてみましょう。そうすることで、メッセージや意図が明らかになります。

NG **最近は○○問題が多発しており、他社では△△に取り組んでいるという……。**

OK **要するに？（一言で言えば？）**

中には、「要するにだね」「つまりはね」と何回も言いながら、まったく抽象化できていない方もいます。そんなときは、こちらから助け舟を出してあげるのが得策です。

NG **要するに、これからもっとキャリア形成の支援に取り組んでいくことが……。**

OK **つまり、今のキャリア教育ではモノ足りない、ということ？**

>>>> 悩みのパターンや構造を見つけ出す

抽象化は、私たちが抱える悩みを解消するのにも大いに役立ちます。

たとえば、ある方が人間関係に悩んでいたとしましょう。上司とソリが合わないといったような。相手がある話だけに、こちらの思うようにならないのがつらいです。

そんなときは、抽象化を使って、時間的にスケールアップしてみましょう。過去に同じような問題で悩んだことはないか探してみるのです。あるいは、空間的にスケールアップする手もあります。家庭や友人関係など、他の場所で同様の問題が起こっていないかを考えるのです。

そうすると、多くの場合、共通のパターン、構造、原理が見つかります。「ダメ男とばかり付き合い、精一杯尽くした揚げ句、もっとダメにしてしまう」といったような。

OK 要は、私は○○な人と一緒のときは、△△してしまう癖があるんだ。

もし、そんなパターンがあるのなら、問題は自分が悪いのでも、相手が悪いのでもありません。互いの関係が織りなす構造に問題があるわけです。関係を変えることが解決につながります。

それも、新たにアイデアを考える必要はありません。そのパターンで悩んだ無数の人がいるはず。事例を集め、抽象化を使って一般的な法則（原理原則）を見つけだしましょう。

OK とどのつまり、何をすることが解決に近づくのか？

抽象化のよいところは、エッセンスが他に転用できるところです。自分の状況に当てはめてみて、具体的にできることを考えるのです。問題が行きづまったら、「要するに」と抽象化して眺め直してみる。ぜひ覚えてほしい思考法のひとつです。

>>> 俯瞰的に見れば共通点が必ず見つかる

同じように、意見の対立があるときにも抽象化が威力を発揮します。

たとえば、在宅ワークの推進について対立する意見があるとします。営業部門は積極的に進めてほしいと強く望んでいるのに対して、人事部門では労務管理の観点から慎重な姿勢だと。

一見、正反対のようですが、互いの言い分を抽象化して、心の中を探ってみましょう。

OK　一言で言えば、営業部（人事部）は何をしたいのでしょうか？

そうすると、前者は「仕事に合った働き方」、後者は「最大限に人材を活用」といったニーズが見えてきます。「効果的な資源の運用」という意味では、大差ないのかもしれません。

さらに両者を近づけるには、共通の関心事を探すことです。互いのニーズをさらに抽象化してみましょう。

OK　仕事に合った働き方（最大限の人材活用）とは、つまり、何を願っているのでしょうか？

そうすると、「みんながイキイキと働ける会社をつくる」といったように、両者の思いは根本的なところでは一致していることが分かります。後は、それを達成するための手段を考え、両者の満足度が最大となる案を選べば、対立は解消できます。

ロジカルフレーズ❹
具体的に考える

たとえば

神は細部に宿る

>>>>ツッコミどころ満載の依頼メール

何を隠そう（別に隠していないか）、私はスマホどころか携帯電話すら持っていません。そう言うと、ネアンデルタール人にでも遭遇したような目で見られます。誤解があってはいけないのですが、私は元々コンピューターの技術者でありITオンチではありません。単に面倒なだけです。

すべての仕事の連絡はPCメールのみ。そのほうが効率的だし、エビデンスも残ります。ところが、たまにとんでもないメールが来て閉口させられます。典型的なのは、こんなパターンです。

先生のご著書を拝見して深く感銘を受けました。つきましては、ご都合のよいときに弊社にてご講演を賜りたく、ご連絡を差し上げました。経費削減がやかましきおり些少なお礼しかできません。ぜひ一度お会いしてお話をさせていただきたいのですが、ご都合はいかがでしょうか。

読みとれるのは、講演の依頼であることと、面会を求めていることくらいです。その他、何のテーマで話してほしいのか、どんな講演会なのか、予算はいくらなのか、会って何の話をするのか、急ぐ話なのか、まったく分かりません。

仕方なく、「依頼内容を検討しますので、ご要望を具体的にメールでお知らせください」と返します。ところが、そういう人に限って「だからお会いして話を……」となります。「はっきりモノ申すのは失礼に当たる」と考える、礼儀正しい人ではないかと思うかもしれません。全然違います。たいていは思いつきで連絡してきた、何も考えていない人です。結局、後で苦労させられるハメになるのです。

≫≫≫ 詳しく、ていねいに、かみ砕いて

前節で、「要するに」「つまり」と抽象的に考えることで、余計なものをそぎ落とし、物事の本質を見つけていく、という話をしました。「要するに、講演を依頼したい」「つまり、お会いして話がしたい」と考えのエッセンスを取り出す思考法です。

ところが、それだけだと、何が求められているのか、具体的なイメージがつかめません。抽象化しすぎると、内容があいまいになり相手に伝わりません。先ほどの事例のように、「だから何なの？」「何をしたいの？」と言いたくなります。

そこで取り上げたいのが**「たとえば」（具体的には、一例を挙げれば、たとえて言えば）**です。物事を具体的に考える思考法です。細部（ディテール）に着目すれば、物事を詳しく、ていねいに、かみ砕いて考えることができます。

OK たとえば、10月頃に弊社の管理職200名に対して……。

OK 具体的には、〇〇万円程度の予算しか手当てしておらず……。

OK 一例を挙げれば、先生のご著書に書かれていた○○の部分を……。

>>>> 要素に分解して細かく考える

「具体的に考える」とは、具体的には何をしたらよいのでしょうか。

要は、考える粒を小さくすればよいのです。全体を部分に分解していって、1つひとつを詳細に検討していくのが、ひとつのやり方です。

一番簡単なのが5W1Hに展開することです。何を（What）、誰が（Who）、いつ（When）、どこで（Where）、なぜ（Why）、どのように（How）を明らかにします。

NG 先生にぜひ講演会をお願いしたいのです。

OK たとえば、どんなテーマで、誰に対して、いつ頃にやればよいですか？

それでも分かりにくければ、さらに細部に分け入っていきましょう。たとえば、考える対象を、要素、機能、属性で分解していくようにします。

NG 対象は当社の管理職です。

OK **たとえば、男性と女性、事務系と技術系の比率は？**

データを使って考える「定量化」も具体的に考えるのに欠かせません。どのくらい（How much）の話なのか、程度を数字で把握するようにします。詳しくは第3章の「できれば」の箇所（200ページ）で述べます。

NG なるべく早くお会いできると……。

OK **たとえば、何月何日までをご希望ですか？**

>>>> ストーリーを使ってイメージしやすくする

具体的に考えるもうひとつのやり方があります。本当に起こった事例、経験、物語を使う方法です。

NG 先生にぜひ講演会をお願いしたいのです。

OK たとえば、以前にどのような講演会をおやりになりましたか?

なぜ、これが有効かといえば、事例や経験談には5W1Hが自然と含まれているからです。加えて、物語には人の心に直接働きかけ、イメージを喚起する作用があります。物語を聞くことで、あたかもその場にいたかのように疑似体験ができるからです。

たとえば、「お客様第一主義」という経営理念があっても、抽象的すぎて何をしたらよいかよく分かりません。であれば、この言葉を毎朝唱和するよりは、実際にお客様を第一に考えて行動して成功した事例を語り合ったほうが、よほど理念の浸透につながります。最近、注目を浴びているストーリーテリングと呼ばれる活動です。

ストーリーと似たような効果を生むのが、比喩(メタファ)、ことわざ、名言、シンボルを使う方法です。

NG 講演会でみんなを奮起させてほしいのです。

OK たとえて言えば、吉田松陰の「草莽崛起《そうもうくっき》」という感じでしょうか。

ちなみに、私は、「ストレートに述べてくれ」と言っても程度が分からない人に、最終兵器を使うときがあります。「当方、大阪在住の根っからの関西人です」と言うと、たいていは分かってくれます。シンボルを使ったのですが、喜んでいいのか、悲しむべきなのか……。

>>>> 抽象化と具体化を組み合わせて使う

抽象的に考えることは、物事の目的、原理、意味を見つめることに他なりません。具体的に考えることは、物事の手段、イメージ、行動をあぶり出すことに役立ちます。「木（ミクロ）を見ず、森（マクロ）を見る」のも、「森を見ず、木を見る」のどちらも重要です。なので、両者を組み合わせて使うのが一番です。自分の考えが行きづまったら、抽象度を動かしてみましょう。視点が変われば新たな発想が湧いてきます。

OK 何をしたらよいか分からない。要は、何がいま必要なのだろうか？

OK **何をしたらよいか分からない。たとえば、何が解決につながるのだろうか？**

この論法が一番役立つのが、テーマを深めるための話し合いである対話（ダイアローグ）です。抽象化に基づく原理原則と、具体化から生まれる事例とをつきあわせれば、物事を深く考えることができます。ロジカルシンキングのトレーニング法としてもお勧めです。

OK **人は、なぜ働かないといけないのかな？**
OK **要は、お金を稼ぐ必要があるからだよ。**
OK **たとえば、たっぷりお金がある人は働かなくてもいいの？**
OK **そうか……。じゃあ、つまり何らかの形で社会に貢献することだよ。**
OK **だったら、たとえば、ボランティアの方々は働くことにならないの？**

ロジカルフレーズ❺
目的を明らかにする

何のために

本懐を遂げてこそ意味がある

>>>>「感動の物語」は理にかなっているか？

ディズニーランドにやってきた若い夫婦の物語です。

レストランを訪れた若夫婦は、それぞれの料理に加え、お子様ランチを注文しました。ところが、「申し訳ありません。お子様ランチは9歳以下の方にしか提供できません」とキャスト（店員）に断られてしまいました。

哀しい顔をする夫婦に、お子様ランチを頼んだ理由を尋ねたところ、意外な話が語られました。「今日は昨年亡くなった娘の誕生日だったのです。娘と一緒にディズニーランドでお子様ランチを食べようという約束を果たしにきたのですが、かなえられなくてとても残念です」と言うのです。

それを聞いた店員は、しばらくすると夫婦を4人がけ席に移動させ、新たに子ども用の椅子を夫婦の間にセットしました。やがてそこに注文通りにお子様ランチが届きました。店員は「どうぞ、ご家族でごゆっくりとお楽しみください」と言って、笑顔でその場を去ったのでした。

おそらく、多くの方が一度は聞いたことのある、ディズニーランドでの感動のエピソードです。何度聞いてもよい話ですね。

店員の行為は明らかな規則違反です。ところが、ディズニーランドでは、とがめられるどころか賞賛され、多くの方に語り継がれる美談となっています。それは、この行為が「人々に感動を与える」というディズニーランドの目的にかなっているからです。

≫≫≫ すべてのことには目的がある

第1章1節で、ロジカルシンキングでは「すべてのことにはワケがある」と考え、原因と結果（理由と結論、根拠と主張）を確かな筋道で結ぶことが大切だ、という話をしました。これを「原因論」と呼びます。先ほどの逸話も、前半は原因論で展開しています。

OK **なぜ、このご夫婦はお子様ランチを頼むのか？**

それに対して、もうひとつ、異なる筋のつくり方があります。「すべてのことには目的がある」と考え、目的と手段（狙いと方策）の筋を通すやり方です。「目的論」と呼びます。目的に対して手段が理にかなっているかどうかを問うわけです。

OK **何のために、ディズニーランドではお客様にサービスを提供しているのか？**

OK **お子様ランチをこのご夫婦に提供することは、私たちの事業の目的にかなっているだろうか？**

本節で覚えたいフレーズが**「何のために」（何を目指して、何を狙って、何が欲しくて）**です。目的をあぶり出す言葉です。

OK 何のために、私はこの仕事をしているのか？

OK 何のために、私たちの企業活動は存在しているのか？

>>>> 〝困ったちゃん〟への賢い対処法

原因論と目的論は、どちらか一方が正しいわけではありません。うまく使い分けることが肝要です。

たとえば、会議によく遅刻してくる〝困ったちゃん〟（問題児）がいたとしましょう。

原因論で対処する方が大半だと思います。

OK どうして、彼はいつも遅刻するのだろうか？

その結果、タイムマネジメントができていない、会議の数が多すぎる、会議の場所がオフィスから遠い、といった物理的な原因が見つかれば、有効な手立てが打てます。

ところが、会議への参加意欲が低い、時間にルーズだ、人の迷惑を省みないといった心理的な話だとしたら、なかなか対処できません。他人の心や頭の中を他人が変えるのは難しいからです。

そんなときは、目的論で考えてみましょう。遅刻には必ず何らかの目的があると考えて、当人の得たいものを探し出すのです。

OK 何が欲しくて、彼はいつも遅刻するのだろうか？

たとえば最近注目を浴びているアドラー心理学では、不適切な行動には、(1)注目、(2)権力、(3)復讐《ふくしゅう》、(4)無力、の４つの狙いがあると考えます。これらを、会議以外の場で違った方法で満たしてあげれば、問題行動は減らせるかもしれません。

あるいは、正しい目的に導くために勇気づけをする、というのがアドラー心理学における対処法です。興味のある方は勉強してみてください。

手段の目的化に気をつけよう

私たちの脳は非常によくできています。なるべく効率的に思考回路を動かすために、さまざまな仕組みがビルトインされています。

たとえば、私は今パソコンに向かって原稿を書いています。目的は、言うまでもなく読者の皆さんを楽しませることです。そのためには、ユーモアのある話や退屈させないための事例など、最後まで読んでもらうための工夫が欠かせません。

ところが、「読者を楽しませる」という目的は漠然としています。それに比べればユーモアのある話を考えるほうが、的が絞られています。すると、脳の省力化機能がスイッチオンになり、後者ばかり考えるようになります。いわゆる「手段の目的化」です。

あるいは、締め切りが迫ってくると、既定の字数で原稿を埋めることに頭が働くようになります。ますます目的を見失い、どうでもよいことに気をとられてしまいます。

そうならないよう、自分の思考や行動が本来の目的にかなっているか、を考えることが大切になります。

NG 来年こそは管理職にならないと……。

OK 管理職になることで、**どんないいことがあるのだろうか？ それは私にとって何のためになるのだろうか？**

>>>>本懐を遂げた赤穂浪士に合理性はあるか？

もちろん、目的さえかなえば手段はどうでもよいわけではありません。

たとえば、有能な政治家であれば、少しくらい政治資金をごまかすのは許されるのでしょうか。忠臣蔵で赤穂浪士が吉良上野介《きらこうずけのすけ》を集団で暗殺するのは、忠義を実現する手段として最適なのでしょうか。「アジアを解放する」という大義名分を掲げ、周辺諸国に侵略をしていった旧日本軍の行為は、理にかなっていると言えるのでしょうか。

冒頭の事例のように、手段より目的を優先する話が美談になりがちです。そのため、筋の通らない行為を正当化するために、大義を掲げる人すらいます。

それでも、うまくいけば「勝てば官軍」「結果オーライ」とばかり、手段の妥当性は問われなくなります。それは、ロジカルシンキングとは対極にあるものです。

1つの目的に対して手段は多数にあります。目的の目的といったように、どのレベルで目的を設定するかで取りうる手段もまるで違ってきます。

その中で、もっとも適切な手段を選んでこそ、誰が見てもそうと思える「理にかなった」筋道ができあがります。目的に対して最適な手段になっているか、「目的合理性」を考えないといけないのです。

手段にこだわって目的を見失うのも、目的のためならどんな手段もいとわないのも、どちらも合理的とは言えません。目的と手段のベストマッチングを考えるためにこそロジカルシンキングがあります。

ロジカルフレーズ❻
手段を考える

どうやって

できない理由より、
できることを

論理思考力の70%は遺伝で決まる?

本書をお読みの方は、少なからずロジカルシンキングが苦手な人だとお見受けします。でないと、「ワンフレーズ」なんて言葉に引かれて、安直に学ぶ方法を知ろうとしないからです(失礼!)。

では、なぜ皆さんはできないのでしょうか。物事のワケを探ることが論理の出発点です。闇雲にやろうとするよりは、できない原因を掘り下げてみましょう。

原因のひとつは、おそらく生まれつきです。哀しいかな、論理思考力の70%は遺伝の影響によるという研究報告もあります。

実際に、私の娘たちを見ていて強くそう思います。小さい頃、長女に「なぜ？」を尋ねると、「〇〇だから」と、教えもしないのに理由を述べようとしました。

ところが、次女は「なんとなく」「そんな気がするから」と埒《らち》があきません。「じゃあ、どんな気がするの？」と尋ねても、「ギュイーンといった感じかな」と擬態語で表現します。まあ、芸術系の大学に行ったので、特段困っていないようですが……。

もうひとつは、努力不足です。たとえ、本来苦手な人でも、日々鍛錬を積み重ねれば着実に上達します。そんな人を何人も知っています。要は、やり方ではなく、やる気の問題です。

本気でやる気になれば、普段のビジネスで使う程度の論理思考は誰でも身につきます。本書に書かれていることを毎日実践してみてください。結果は保証しますから。

>>> コントロールできないものは対処できない

もちろん、これらは悪い冗談です。気を悪くした方がいたら、ゴメンナサイ。

原因や理由を考えることは、ロジカルシンキングの基本です。だからといって、原因や理由を見つけ出すだけで、すべての問題が解決できるとは限りません。

生まれつきと言われても、生まれ直すことも、脳を入れ替えすることもできません。両親を責めても、「それは、おばあちゃんに言ってくれ!」と責任転嫁されるだけです。

では、努力なら対処できるかといえば、そうとも限りません。努力できるというのも才能の一種だからです。過去のしつけや家庭環境といった、本人以外の要因も大きく左右します。

それに、「頑張ろう」「やる気を出そう」と言ってやる気が出るような苦労しません。うつ病の患者に「クヨクヨするな」と言うようなもの。それができないから悩みなのです。ましてや、「努力不足だ」「やる気がない」と他人から言われて、やる気が出るようになるでしょうか。余計やる気が下がって問題を悪化させるだけです。

そんなときこそ目的論です。「なぜ?」で原因を探るのではなく、**「どうやって?」(どうやったら、何をすれば)**目的を達成するか、手段や方策を考える。これはこれで、理にかなった思考法です。

OK どうやったら、ロジカルシンキングが身につくか?

OK 論理思考を身につけるために何ができるか？

>>>> 目的に立ち返って、できることを探す

皆さんの周りで、できない理由ばかり挙げる人はいませんか。そんなときこそ、「どうやって？」を使って、できることを探し出すように促しましょう。

NG できないのは、○○が△△だからなんです。

OK どうやったら、できると思いますか？（何だったら、できますか？）

アイデアが思い浮かばないようなら、考える領域を絞ることです。漠然と考えるよりも、適度に制限があったほうが考えやすくなります。

ロジカルシンキング習得の話でいえば、話せるようになりたいのか、書けるようになりたいのか……。前者だとしたら、いつ、どんな場面での話なのか。そうやって対象を絞り込んでいくと方策が考えやすくなります。

NG **どうやったら、**ロジカルになれるんだろうか……。

OK **どうやったら、プレゼンのときにロジカルに話ができるようになるのか？**

アイデアに行きづまるようなら、そもそも何を目指しているのか、大もとの目的に戻ることです。そうすることで、今まで考えもつかなかったアイデアが生まれるかもしれません。

OK **何のために、プレゼンのときにロジカルに話ができるようになりたいのか？　そ**れは、説得力を増したいからだ。だったら、**何をすれば**説得力が増すようにできるのか？

>>>> 時には一歩前に進めることを優先する

そうやって見つけ出した方策を「完全な解決策ではない」「根本的な解決にならない」

と言ってつぶしていくデストロイヤー（破壊者）がいます。ところが、完璧を求めて何もしないよりも、小さくてもできることをするほうが得な場合もあります。

NG **そんなことをやっても根本的な解決にならないだろう。**

OK **それはそうですが、何から手をつければ解決に近づきますか？**

それに、完全な解決策は実行が難しいのが常です。結局、手がつけられず、棚ざらしになることもよくあります。それよりは、目的に一歩近づくことを狙うのも、あながち悪くない手です。

NG **根本的には○○するしか手はない。**

OK **それは分かりますが、まずはどこから始めましょうか？**

そのヒントは過去にやったことにあります。うまくいったことは繰り返せばよく、そうでなかったことはやり方を変えればうまくいくかもしれません。過去の事例はアイデアを生み出す資源となるのです。

OK **どんなことが**、過去にうまくいきましたか？

OK うまくいかなかったことを、**どう変えれば**よいでしょうか？

>>>> 原因論と目的論を使い分けよう

実際には、原因論と目的論を組み合わせて、合理的に物事を考えていきます。

原因論のよいところは、因果関係がはっきりしているため、同じ過ちを繰り返しにくいところにあります。一般的には、ミスが減らない、売上が増えない、肩こりが治らないといった「技術的問題」（やり方の問題）には原因論が向いています。

原因は必ず結果の前にあります。原因論とは過去を振り返ることに他なりません。どちらかといえば後ろ向き（ネガティブ）な思考になりがちです。

また、人がからむ問題においては、原因追究（何がマズいのか？）が責任追及（誰がマズいのか？）になりがちです。原因が見つかったとしても、責められた当人はやる気になりません。そこを、「やらねばならぬ」「やるべきだ」と一方的に押しつけてもよい結果を生みません。

一方、目的は必ず手段の先にあります。目的論は未来を切り開く考え方であり、思考が前向き（ポジティブ）になりやすいです。

完全な解決策を求めないので、効率性（費用対効果）よりも実効性（やる気）が重要視されます。「何ならできる」「何に取り組んでみたい」を考えることになり、明るい問題解決となります。ただし、下手をすると付け焼刃の対症療法になる恐れがあります。

ビジョンが浸透しない、上司と仲が悪い、お金が貯まらないといった、「適応的問題」（考え方の問題）には目的論が向くと言われています。できれば両方を身につけ、どんな問題にでも対処できるようになりたいものです。

ロジカルフレーズ❼
選択肢を広げる

他に

松竹梅を
とりそろえて考える

人生を自由に楽しめない国ニッポン

5年ごとに世界の人々のさまざまな価値観を調べる国際プロジェクトがあります（世界価値観調査）。調査項目の1つに「自分の人生をどれほど自由に動かせると思うか？」という設問があり、10点満点で答えるようになっています。

「世界一豊か」と言われている経済大国ニッポン。はたして、調査対象である60カ国の中で、どれくらいの順位だと思いますか。

平均点で見ると、なんと下から2番目！（59位）最下位はカースト制度のあるインドで、1つ上はかつて社会主義国だったロシアです。日本は、そんなにも不自由な国なのでしょうか。

上位には、メキシコやコロンビアなど中南米の国が並んでおり、楽天的な国民性が順位に影響していることが想像できます。ヨーロッパの覇者と呼ばれるドイツが42位に甘んじていることからも伺えます。それにしても日本の順位は低すぎませんかね。

この結果に対して、ニューズウィークWEB日本版（2015年7月28日）に興味深い分析が載っていました。調査結果を年齢別に分析すると、多くの国は、歳を重ねるのにつれて自由度が増すのに対して、日本はまったく逆になっているというのです。

「日本の暮らしは快適で便利だが、それは人々を高度に管理・統制することで成り立っている」「豊かだが抑圧の強い社会の極点に近い」というのが、分析した舞田敏彦氏の見解です。そう言われると大いにうなずけます。

≫≫≫両輪がそろって初めて自由になれる

自由には2つの側面があります。ひとつは、選択肢があることです。

何をしようが、どう生きようがより取り見取り。そうでなければ自由とは言えません。

いろんな意味での豊かさは自由に大きく寄与します。

もうひとつあるのが、自分の意思で選ぶことができるか、です。いくら選択肢が豊富でも、選ぶ際に制約や制限があったら自由とは感じられません。

かといって、他からの影響をまったく受けない状況でも、選択肢が1つしかなければ選んだことになりません。やはり、両輪がそろわないと自由とは言えないのです。

物事を考えるのもまったく同じです。いろんな考え方をとりそろえ、その中から最善のものを自分の意思で選ぶからこそ、「自由に考えた」「思うがまま思考を巡らせた」という実感が得られます。

そこで光を当てたいのが選択肢です。

「ロジカルシンキングは思考の筋道をつくることだ」といっても、必ずしも道は1本とは限りません。できる限り多面的に筋道を考えた上で、最良の道を選択（もしくは統合）するからこそ、合理的な結論が得られます。

活用すべきフレーズとしては、**「他に」（あるいは、または、さらに、加えて）**です。

>>>> できるだけ幅のある選択肢を提示する

私たちは、良さそうな筋道が1本できると安心してしまう癖があります。それを正当化する理由をたくさん探して、筋道をより太くしようとします。

そうすると、筋道にあった情報ばかり目に入り、都合よく解釈しがちになります。思わぬ見落としや、とんでもない見立て違いをする恐れが出てきます。

それを防ぐには、違う筋道を無理にでも考えて、どれが正しいかを相互に比較するのが一番です。

NG **○○がよい。その理由は10個あって……。**

OK **○○がよい。他に、△△と□□という考え方もできる。どれが適切かと言えば……。**

といっても、そんなにたくさん選択肢を挙げる必要はありません。少なくとももう1つ、できれば合計3つくらいあれば十分。それ以上挙げても、かえって分かりづらくなるだけです。
似たような選択肢では意味がなく、できるだけ違った選択肢を挙げて、幅を出すようにしましょう。「松竹梅」をとりそろえ、なるべくヌケモレをなくすのです。

OK **〇〇が正しいに違いない。とはいえ、もっと背伸びして△△もありえる。逆に、無難に□□あたりで止めておくという手も考えられる。**

OK 選択肢としては3つ考えられる。**ひとつは**一気に勝負をかける案。**もうひとつは**ジワジワと持久戦に持ち込む。**あるいは、**判断を先送りして様子見をする手もある。

>>> お客様ならAかBかCでしょうか……

皆さんは、自分が温めてきた提案を会議で承認してもらうのに、どんなやり方をしているでしょうか。
おそらく、練りに練った最善のアイデアを1つ提案して通そうとする人が多いと思います。「ほんの叩き台です……」と言いつつ、「お願いだから叩かないでくれ！」と切に願いながら。

　ところが、提案されるほうとすれば、選択肢が1つしかないと自由に考えることができず、主体性が発揮できません。「都合のよいことだけ説明して、悪いことは隠しているのではないか」「他にもっとよい答えがあるんじゃないか」と疑いたくなります。

　それは、皆さんが買い物をするときも同じ。一押しの商品を「お客様にはこれしかありません」と強く勧められるのと、「お客様ならAかBかCでしょうか。中でも……」と選択肢を提示されるのでは、誰しも後者のやり方を好むはずです。

　相手に自分の思う考えを選んでほしいときこそ、違った選択肢を提示する。そうすることで、かえって説得力が高まります。

NG　**今日皆さんにお勧めしたいのは○○です。それは、今の状況において◇◇がもっとも大切だからです。**

OK　**今回は○○を提案したいと考えています。加えて、△△と□□という2案も検討しており、その中で○○がベストであることをご理解いただきたいと思います。それは◇◇がもっとも大切だからです。さらに、△△と□□も忘れてはいけません。と**

りわけ、今の状況を考えれば◇◇が……。

>>>>思い込みの激しい人のいなし方

選択肢を広げるフレーズはこんな使い方もできます。

世の中には「○○しかない」と決め打ちをして押してくる人がいます。いわゆる思い込みの激しい人です。「いや○○ではない」と真っ向から反論すると、相手の術中にはまり、不毛の議論に付き合わされるハメになります。

それよりは、○○以外の選択肢があることに気づかせるほうが得策です。

NG ぜひ、○○をしましょう。これしかない！

OK なるほど、それも一案だね。他にないの？

それでも自説を押してくるようなら、他の選択肢の可能性だけでも検討してもらいましょう。

NG いえ、○○に決まっています。

OK **でなければ？（他があるとすれば？）**

こうすれば、否が応でも違った道筋を考えざるをえなくなります。

これは相手の意見をつぶすための質問ではありません。相手の思考力を高め、より望ましい決定を導き出すためのものです。頭の固い部下や後輩がいたら、しつこくやり続けてみることをお勧めします。「面倒な人だ」と嫌がられない程度にね。

One

ロジカルフレーズ❽
優先順位をつける

中でも

大きな壺は
石からつめる

あなたのライフワークとライスワーク

皆さんは、ご自分のキャリアに関心はありますか。「Yes」という方は、理想とする姿に近づくために、今やっている仕事や活動を棚卸しするエクササイズをやってみませんか。5分もあればできると思いますので。

白紙を1枚ご用意ください。そこに十文字の線を書いて紙面を4分割して、縦軸・横軸の端に「+」と「−」をつけてください。

縦軸は、組織や社会にとっての必要度（Need）です。上（+）が「必要である」、下（−）が「必要でない」です。横軸は欲求度（Want）で、右（+）が「やりたい」、左（−）

が「やりたくない」です。

自分がやっている仕事や活動を洗いざらいピックアップして、4つの象限に振り分けてみましょう（付箋を使うと便利です）。どこに偏っているのか、全体のバランスや傾向を調べてみるのです。

①ライフワーク（Life Work：右上）使命感のある仕事、人生を懸けた活動
②ライスワーク（Rice Work：左上）生活のための仕事、義務や奉仕活動
③ライクワーク（Like Work：右下）好きな仕事、趣味や息抜き的な作業
④ライワーク　（Lie Work：左下）見せかけの仕事、単なる暇つぶし

一般的にはこの順番で優先順位が高くなります。どこを増やしてどこを減らせば望ましい姿に近づくか、Need／Want マトリクスを見ながら考えてみましょう。

>>>> メリハリをつけて効率的に考えよう

物事に優先順位（プライオリティー）をつけると、エネルギーを注ぐポイントが絞られてきます。限られた時間をできるだけ有効に使うには、優先順位が欠かせません。

前節で、「他に」「あるいは」と考えて、選択肢や考え方の筋道を増やすという話をしました。検討の幅を広げて考えるほうが理にかなっていると。

ところが、広げたままでは焦点が定まりません。すべての考え方を調べたのでは、時間がいくらあっても足りません。

そこで必要となるのが優先順位です。メリハリをつけて重点的に考えることです。「他に」で広げた後は、**「中でも」（とりわけ、特に、まずは）**で絞り込む。それが、合理的に考えるためのコツです。

OK **いま私たちが取るべき選択肢は3つ考えられます。中でも、**もっとも望ましいと思われるのは……。

OK **課題としては○○があり、他に△△と□□が考えられます。とりわけ、○○に関しては……。**

思い切りの良さが大切

世の中には、あれもこれもテンコモリにしたがる人がいます。選択肢を増やすことで安心を求めたり、取捨選択による失敗のリスクを避けようとしたりする人です。自分1人でならまだしも、話し合いの場でそんなことをやられると、日が暮れてしまいます。優先順位をつけるよう働きかけましょう。

NG **たとえば、○○とか△△とか……。他に□□や◇◇もあるよね。**

OK **中でも、どれが一番大切ですか?**

「絞り込む」ことは、「切り捨てる」ことに他なりません。あえて、完全を求めず、少々のヌケモレには目をつぶります。

それでもうまくいくのは、「上位20％が全体の80％をカバーする」という「パレートの法則」（20：80の法則）が働くからです。特にビジネスの話であれば、80％どころか50％もあれば十分。正確に考えることよりも、早く判断をして行動に移すことのほうが大切です。

OK 無理にでも、やるべきことを1つに絞るとしたら？

優先順位をつけるときは思い切りが大切です。バッサリと捨て去る勇気がないと、重点思考はできません。割り切りが苦手な方は、「捨てる」のではなく、「後に回す」と考えれば気が楽になります。あくまでも順位を決めているだけと割り切って。

OK その中で、まずは、どこから手をつけていきましょうか？

>>> 基準は合理的には決まらない

優先順位をつけるときは、判定する基準が問題になってきます。

原因論に立てば、より本質的なもののほうが重要とみなされます。結果に寄与する割合で決めるという方法です。

一方、目的論に立てば、目的の達成にどれくらい貢献できるか、が判定の基準となります。あるいは、希少性で測るという手もあります。他に換えがたいものは重要だからです。

他にもいくつか基準は考えられますが、最後は価値観の話に帰着します。

冒頭のNeed／Wantマトリクスの話にしても、①ライフワークよりも②ライスワークを重要だと考える人がいてもおかしくありません。愛、安定、正義、挑戦、完遂、自律など、人が大切にしているものは十人十色。価値観やライフスタイルによって基準は変わってきます。

企業を見ても、売上を重視するところもあれば、利益に重きを置くところもあります。業績ではなく、社会への貢献や社員の幸福を第一義に掲げているところもあります。企業の追求する目的や価値に合っていれば、他人がとやかく言う筋合いではありません。

残念ながら、基準を合理的に決める方法はありません。多くの人が賛同しやすい基準はあっても、「今この時点で何が大切なのか？」を都度考えるしかありません。

≫≫≫砂で満杯になっていませんか？

1つ注意してほしいことがあります。思考の優先順位は、必ずしも行動の優先順位とは一致しない、という話です。重要でないもののほうが手をつけやすいからです。

分かりやすいのが会議です。たくさんの議題が並んでいると、「とりあえず、簡単なものから」という人が必ず現れます。ところが、すぐに片付くと思った議題に意外に時間をとられ、肝心の話が先送りに……。

あまり頭を使わない話に時間を費やし、戦略立案などの複雑な案件の議論が疎かになってしまう、「計画におけるグレシャムの法則」と呼ばれる現象です。皆さんの会社でも同じようなことが起こっていませんか。

大きな壺を、小石、砂利、砂でバランスよく満たすには、どんな順番で入れたらよいか、考えてみてください。最初に砂をどっと入れてしまったら、石を入れる機会をなくしてしまいます。もっとも重要なものから取り掛からないと、瑣末《さまつ》なことで一杯になってしまうわけです。

身動きがとれないときは、「とりあえず」（ひとまず、当面）で始めるのも悪くありませんが、どこかで「とりわけ」にスイッチしないと大きなことができません。

NG とりあえず、△△からやってみるか。

OK とりわけ重要な○○から取り掛かろう。

優先順位をつける習慣は、合理的に考えるだけではなく、充実した人生を送るためにもなくてはならないものなのです。One

主張系

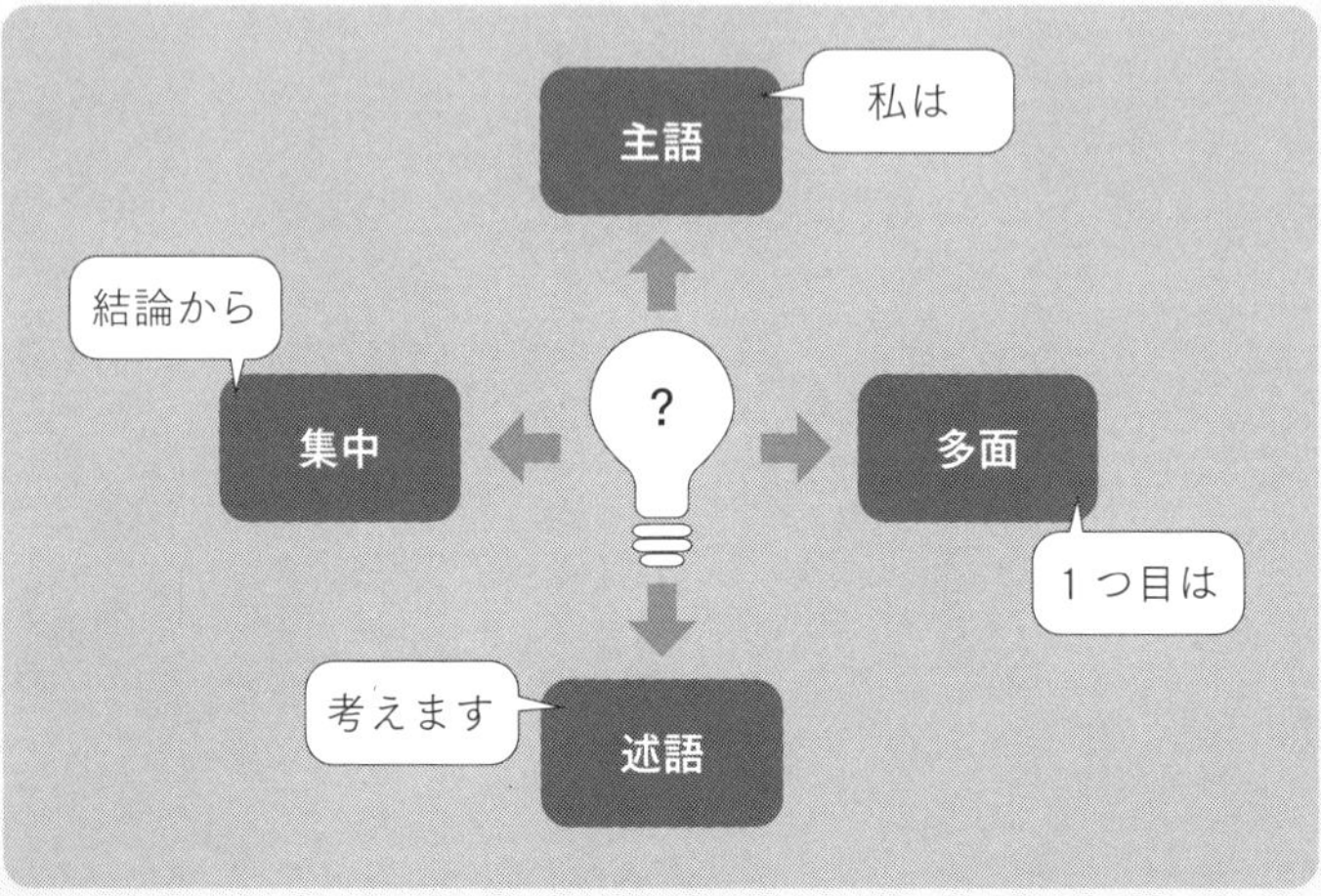

深耕系

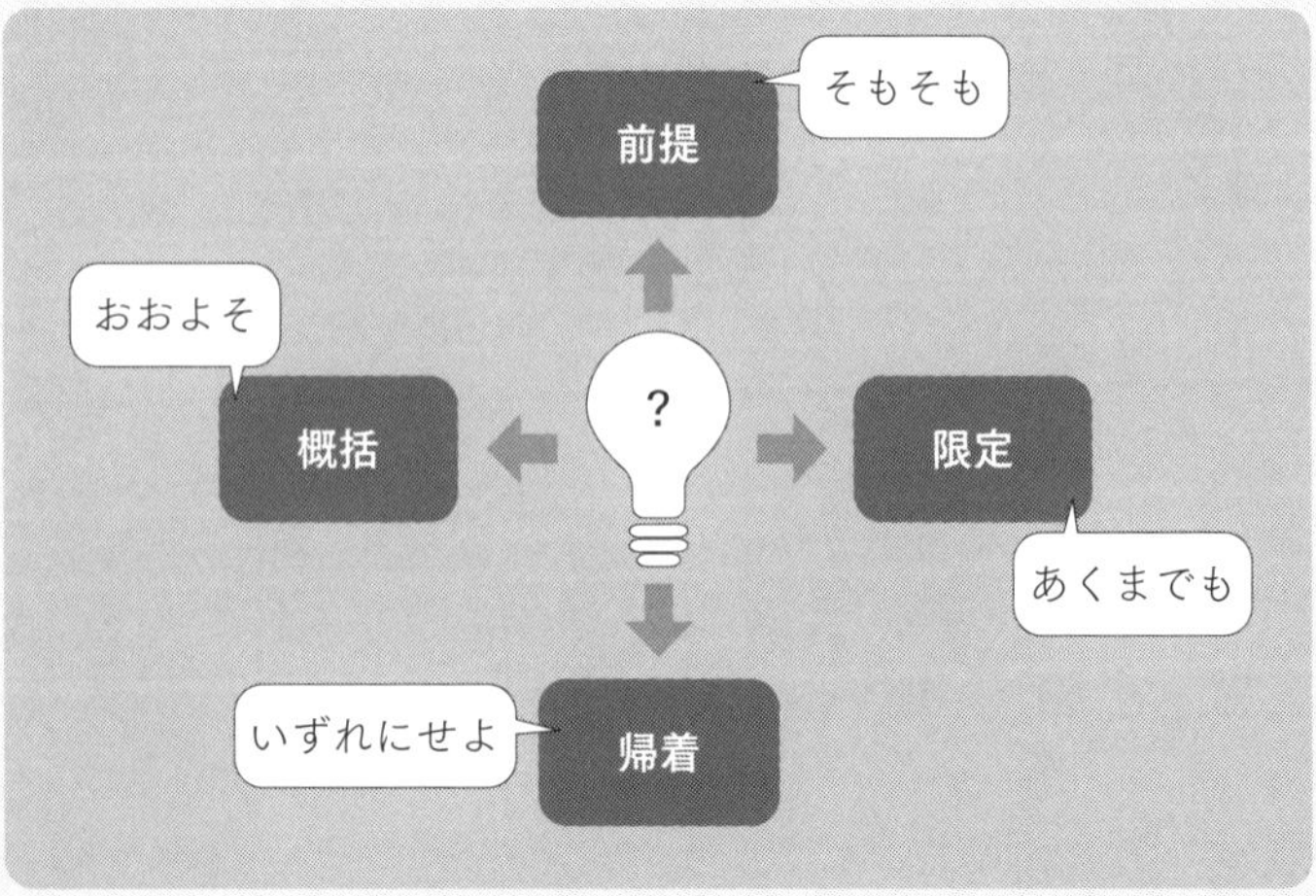

第2章

コミュニケーションで役立つ「応用フレーズ8」

自分の意図を的確に伝えるための4フレーズ（主張系）と、
コミュニケーションを深めるための4フレーズ（深耕系）を
紹介していきます。

ロジカルフレーズ❾
主語を立てる

私は

話の主体を
ハッキリさせる

>>>> 大阪人に道を尋ねたらかえって迷う？

皆さんは、知らない土地を訪れて道に迷った時にどうされますか。おそらく多くの方は、スマホの地図アプリを見たり、案内板を探したりして、自力で何とか解決を図ろうとすると思います。それでダメなら近くを歩いている人に尋ねてみると。

ところが、そのやり方が通用しないのが大阪の街です。大阪の人が不親切で、誰も助けてくれないわけではありません。親切すぎるのが仇《あだ》になってしまうのです。こんな感じで。

「すみません。あべのハルカスに行くには、ここからどう歩けばいいですか？」

「え、ハルカス？　そうやなあ……。ここを真っすぐにド〜ンと下って、2つ3つ先の角を左にシュッと曲がって、ドンつきを右にトコトコ歩けばいけるんちゃうか？　よう知らんけどな」

擬態語が多いのはご愛嬌《あいきょう》として、問題は「よう知らんけど」です。「知らなかったら、いい加減なことを教えるなよ！」とツッコミたくなります。

情に厚い大阪人は、「知らない」とは言えません。少しでも力になろうとして、自分の推量を述べてしまいます。大阪に限らず、アジアやラテン系の国でよく起こる現象です。実際にとんでもない見当はずれのときもあり、複数の人に尋ねて確認したほうが無難かもしれませんよ。

>>> 必要なときはあえて主語を置く

自分の推量を述べるのが悪いわけではありません。であれば、最初からそうであることを言ってほしいのです。でないと客観的な事実なのか、主観的な意見なのかが分からなくなります。

NG ○○は△△で、□□は◇◇ではないかなあ……。（事実？）

OK **私が思うに、○○は△△で、□□は◇◇ではないでしょうか。（意見）**

日本語が主語（私は、あなたは、我々は、など）を省略する言語であることは、誰しもご存じだと思います。一説には、集団主義の日本では主体をあいまいにして、言葉よりも背景（コンテクスト）から意味を読みとることに重きが置かれるから、と言われています。

だからといって、日本語が特殊な言語だというわけではありません。

主語をキッチリ立てるのは、英語をはじめとする西欧の言語に多いだけ。どちらかといえば主語を省略するほうが多数派です。

ときどき、「主語を省略する日本語は論理的でない」と言う人がいます。だとしたら、世界中が論理的でない人であふれかえってしまいます。

普段の会話で主語を省略するのは大いに結構です。しかしながら、冒頭の事例のように、発言の所在を明確にしたいときは主語をつけなければいけません。ここぞというときは、あえて**「私は」「あなたは」「我々は」**と主語を置くようにしましょう。

>>>>誰の話なのか明確にして議論する

中でも大切なのは、事実と意見の区別です。たとえば、「お客の不満が高まってきている」といっても、客観的なデータで証明できなければ事実ではありません。単なる意見です。それも、誰の意見なのかを明らかにしないとロジカルに考えることができません。

NG **最近、お客の不満が高まっています。**

OK **私は、「お客の不満が高まっている」と感じています。営業部でも、「お客の不満が高まっている」と見ています。**

話し合いをしていても、自分の見解をあたかも確定した事実のように伝える人がいます。「ありえない」「けしからん」「困ったものだ」といった発言です。ほとんどの場合、発言者個人の観測や感想であり、事実とは区分けして検討しないといけません。

NG まさか、そんなことはありえないだろ。

OK **あなたは、そんなことは起こってほしくないと考えているのですね。**

思考の主体と結論がはっきりすれば、検討すべきは根拠、すなわち「なぜ、そう考えるのか？」です。思考の筋道を点検することが、よりよい結論につながっていきます。言い換えると、ロジカルシンキングを起動するためには主語が必要となるわけです。

>>>> あたかも英語のように話をしてみる

ロジカルに考えるという点で、英語に優位性があるのは認めざるをえません。一やWeといった主語を置かないと文章が始まらないような文法構造になっているからです。だったら、あたかも英語を話しているような、いわゆる〝翻訳調〟で日本語を使ってみてはいかがでしょうか。そうすれば、日本語であっても論理的に話したり、書いたりがしやすくなります。

余談になりますが、グローバル化の進展にともなって、英語を社内公用語とする企業が現れ出しました。そうなると、たとえ日本人同士であっても、英語で会議をやらなくてはなりません。

下手な英語を駆使して議論しようと思うと、余分なことを話す余裕がなく、「○○してくれ」「いやそれはできない」とストレートに言いたいことだけを伝えるようになります。主語を置かざるをえず、発言のあいまいさもなくなります。

結果的に、会議に要する時間が短くなり、サクサクと物事が決まるようになったそうです。会議のムダで悩んでいる方がいたら、ぜひ一度試してみてください。ただし、アフター5に日本語でフォローするハメになり、二度手間になるらしいですが……。

話を戻すと、「英語のように」といっても、いつも「私は」「あなたは」とやる必要はありません。誤解を招きやすい話や、発言の責任の所在をハッキリさせたいときだけでかまいません。そのときでも、日本語らしい、互いの関係に配慮した言いまわしを使いたいものです。

NG その考えはおかしい！

OK **私は、その点について大いに疑問を持っています。**

>>>> 主語を置けば、とらわれから脱出できる

私たちは、1人で考えているときも言葉を用います。主語を省略するという日本語の特徴は、頭の中だけで考えているときも思考に影響を与えます。

たとえば、大きな問題を抱えて「どうしようもない」「もうダメだ」と悩んでいる人がいるとしましょう。良い打ち手が見つからず、あきらめかけていると。

ところが、本当に「どうしようもない」かどうかは誰にも分かりません。「白いカラスがいない」ことと同様に、絶対に解決策がないことを証明することはできないからです（悪魔の証明と呼びます）。

「どうしようもない」の忘れられた主語は「私」です。自分が「どうしようもない」と思っているだけです。英語で言えば「I think ...」です。

NG **もはや、どうしようもない！**

OK 私は、「どうしようもない」と考えている。

事実と意見を切り離せば、気持ちが少し軽くなるはずです。事実は動かせなくても、私の意見は私がコントロールできるからです。

「どうしようもある」と考えれば、何か解決策が見つかるかもしれません。そうやって、「どうしようもない」と諦めるよりも、「どうしようもある」ことを探すほうが、よほど合理的な考え方ではないでしょうか。

One

ロジカルフレーズ⑩
適切に述語を選ぶ

考えます

文章の意味は
最後で決まる

職場で横行する意味不明の質問

想像してみてください。あなたは、きょう1日、仕事場を抜け出してロジカルシンキングの公開研修を受けています。「もう少しロジカルになってほしい」という上司の配慮によるものです。

ようやく1日の研修が終わり、オフィスに戻ってきました。あなたの顔を発見した上司が、もっとも口にしそうな質問は何でしょうか。

答えは簡単。「研修どうだった?」ではないかと思います。

その後の受け答えも想像がつきます。「はあ、よかったっス」「そうか。よかったか」「ハイ」「それは、よかった」「ありがとうございました」。大方はこんな感じです。「どうだった?」と訊かれても、何を問われているのか分かりません。相手が何を知りたいのか、空気を読んで察するしかありません。

たいていは適当にお茶を濁し、様子を探ろうとします。問うほうもよく考えずに質問しており、同じように対応します。結局、先ほどのような中身のない会話をして、何かが通じ合えたような気になるだけです。

研修の内容を知りたいのなら「研修でどんなことをやった?」、感想なら「研修で何を感じた?」、成果なら「研修で何を学んだ?」と問うべきです。述語を適切に使い分けることで意味がハッキリしてきます。

>>>> 語尾を省略せず、述語をつける

前節で、「日本語は主語を省略する言語だ」という話をしました。ところが、実際の会話では、主語どころか述語まであいまいにすることが珍しくありません。それが先ほどの会話です。

話し合いで発言する際も同じです。述語をハッキリとせずに意思表示をすることがよくあります。語尾がムニャムニャとなってしまう、日本語特有の婉曲な言い回しです。

NG **それはどうなんでしょう。いや、別に反対しているわけではないのですが、違うやり方もあるんじゃないかと……。**

これではロジックどころか、何を言いたいのかよく分かりません。述語をつけることでメッセージの内容が明らかになってきます。

OK **今のご提案に対しては、少々疑問を感じています。**

OK **もっとよいやり方があるのではないかと考えています。**

日本語では述語が最後に出てきます。「考えます。」「思います。」「感じます。」「信じています。」と、読点「。」を打つまで文章をつくらないと意味が確定しません。特に口頭でのコミュニケーションでは、「……」と語尾が消え入りがちになるので注意しましょう。

NG それで本当に大丈夫なのだろうか……。

OK それで大丈夫なのか、一抹の不安を**覚えるのです。**

>>>> 確からしさの程度を使い分ける

自分の考えを組み立てるのに、多くの方が「思う」を述語として使います。それが悪いわけではありませんが、「思う」は意味の幅がとても広い、あいまいな動詞です。

気持ちを抱くのも「思う」なら、考察するのも「思う」です。感情的なものから理性的なものまで、すべて「思う」で表現できてしまいます。

英語で言えば、feel（感じがする）、suppose（想定する）、guess（推量する）、wonder（自問する）、expect（期待する）、think（考える）、believe（信じる）、consider（熟慮する）……すべて「思う」に含まれてしまいます。

前に述べたように、ロジカルシンキングでは結論や判断の確からしさが問われます。安易に「思う」で片づけず、どれくらい結論に自信があるか、確からしさが分かる動詞を使うほうが望ましいでしょう。

NG なんか、今の話って、しっくりこないんだよね……。

OK 話は分かるのですが、少なからず疑問を**感じています**。

OK もっとよいやり方があるのではないかと**考えています**。

OK 大きな効果を生まないのではないかと**推察します**。

OK 間違いなく大変な目に遭うことを**確信しています**。

>>>>「think」と「思う」はイコールではない

ところで、「私は○○と思います」と「I think ○○」は、必ずしも同じ意味になるとは限らないことをご存じでしょうか。

英語の think も幅広い意味を持つ言葉ですが、ビジネスシーンでは、「理性的に考えて」というニュアンスで使います。ぼんやりと「なんとなく、そんな感じがするんだけどなぁ……」というのは think には当たりません。

日本人がロジカルシンキングという言葉をつくったのも、この違いから来ています。わざわざロジカルと頭につけなくても、thinking というのは「ロジカルに考えて」という意味があります。それを知らない日本人のために、ロジカルシンキングという言葉が必要だったのだと推察します。

同様に、マインドと mind も同じではありません。日本では「心構え」という意味になり、どこにあるかを問えば、多くの方は胸のあたりを指差します。英語の heart に近いものです。

対する英語の mind は「思考様式」です。感覚や感情と区別をして、理性を働かせる精神です。胸ではなく頭にあるものです。

こんなふうに、日本語の言葉は感情的なイメージを持ちやすく、ロジカルシンキングを実践するには、「考察する」「判断する」「確信する」といった理性的なニュアンスを持つ言葉を、意図的に使う必要があります。

>>>> 思いは秘めつつ、考えを語る

使い分けが面倒な方がいたら、せめて、「思う」ではなく「考える」をお勧めします。これが、本節でお勧めのワンフレーズです。

「考える」は、理性的なニュアンスを持ちつつも、幅広く使える言葉です。「思う」を「考える」に変えるだけで、ずいぶんロジカルに聞こえます。

NG **ウチの会社は〇〇すべきだと思います。（主観的・感情的）**

OK **ウチの会社は〇〇すべきだと考えます。（客観的・理性的）**

〇〇が長くなるようなら、文頭に「考える」を持ってくるようにします。こうすれば、さらにロジカルな感じがします。前節同様、翻訳調で文を組み立てるやり方です。

OK **私の考えを述べるとすれば……。**

OK　これらの事実を元に考えると……。

誤解があってはいけないのですが、思いそのものを否定しているわけではありません。主観的・感情的な意味での思いも大切であり、思いのない考えは実現しません。単に、思いは思い、考えは考えで区別して扱いましょう、と言っているだけです。

ちなみに、歌謡曲の歌詞の頻出単語を調べた研究によれば、この20年で急増した言葉がいくつかあるそうです（東部豊「流行した歌謡曲の歌詞における表現特性」）。自分、手、前、強い、空、明日、今、信じる、歩くなどなど。

思い（想い）もそのひとつであり、出現率がなんと4倍にも増えています。やはり、日本人は思いという言葉に思いを寄せているようですね。

One

ロジカルフレーズ⓫
ポイントに集中する

結論から

知りたいことから伝える

＞＞＞対決！刑事コロンボvs名探偵コナン

ミステリーの世界に「倒叙《とうじょ》モノ」と呼ばれるジャンルがあります。かつて一世を風靡《ふうび》したTVドラマである「刑事コロンボ」や「古畑任三郎」がそれに当たります。

「名探偵コナン」のような一般的なミステリーでは、不可解な出来事が次々と起こり、どんどん謎が深まっていきます。それを、優れた刑事や探偵が1本の糸に編み上げ、意外な真犯人をつきとめて事件を解決します。終始、捜査する側の視点で物語が進みます。

対する倒叙モノは、犯人側の視点で描かれています。物語は、ある人物が事件を起こすところから始まり、冒頭で犯人が明らかになります。それを一歩一歩追いつめていく刑事と逃がれようとする犯人との手に汗握る攻防戦こそが、倒叙モノの醍醐味です。

ミステリーも問題解決の一種だとしたら、根拠⬇結論の順で展開するのが一般的なパターンです。そのため、謎解きパズルのピースとなる証拠や証言は、結末にならないと1つに組み合わさりません。最後になって「なるほど、そうだったのか！」となります。

それに対して、結論⬇根拠の順に描くのが倒叙モノです。結論が分かっているので、安心してストーリーを楽しむことができます。途中の出来事もどの部分に当てはまるのか分かり、1つずつ組み上げていく楽しさがあります。果たして皆さんはどちらがお好きでしょうか。

≫≫≫ 思考と理解ではプロセスが逆になる

ロジカルシンキングでも2通りのやり方があります。おそらく、物事を考えるときは前者のやり方を使う人が多いと思います。たくさんの根拠を集めて、そこからもっとも合理的な結論を導いていくアプローチです。

ところが、そうやって得た結論を人に伝えるときは、順番をひっくり返さないと、聞いているほうはたまったものではありません。いったい何の話をしているのか、何が言いたいかが最後まで聞かないと分からず、まさにミステリーとなるからです。

つまり、自分が考えるプロセスと、人の話を理解するプロセスはまるで逆。相手の立場に立てば、先に結論や全体像を明らかにしたほうが伝わりやすいのです。そこで、活用したいフレーズは**「結論から」**です。

NG **先日、○○という話があり、少し調べてみると△△らしく、さらに……。**

OK **結論から言えば、☆☆です。なぜ、そう考えたかと言えば……。**

頭に持ってくるのは、結論ばかりとは限りません。要は、最初に伝えておいたほうがよいものや、相手がもっとも興味のあることを冒頭に持ってくるのです。

OK **着目すべきは○○です。その点で言えば……。（ポイント）**

OK **議論すべきは「○○ができるかどうか?」です。当社では……。（論点）**

OK **今回の収穫は○○です。そのために我々は……。（成果）**

習得したい2つのコミュニケーション技法

この考えを応用したコミュニケーション技法（PREP《プレップ》法）があります。結論を先に述べてから、理由、事例と説明を加えていくやり方で、本書で紹介するフレーズの組み合わせでできています。

①結論（Point）　結論から言えば、セールスの人員を倍増すべきです。
②理由（Reason）　なぜなら、今回の新製品の販売に際して……。
③事例（Example）　たとえば、ライバルでは100名もの陣容で……。
④結論（Point）　だから、セールスの人員を倍増すべきなんです。

同じくインストラクション（教示）技法の中にも同様なものがあります。

上司が部下に依頼や指示をしたり、研修講師が演習のやり方を説明したりするときに使います。考え方は先ほどと同じで、依頼内容を先に伝えてから、理由や方法を明らかにしていきます。

①何をするか？（What）　お願いしたいのは、営業所での販売の応援なんだ。
②なぜするか？（Why）　その理由は、今度の新製品を販売する人手が足らず……。
③どうやってするか？（How）　具体的には、来週からさいたま支店の所沢営業所に……。

どちらも、考えながら話をしているようでは間に合いません。口癖になるまで繰り返し練習をしましょう。

>>> 新聞に学ぶ分かりやすい資料づくりのコツ

読者の皆さんの中には、「毎日、会議の資料づくりで大変」という方がいらっしゃるかもしれません。どんなツッコミにも耐えうる資料をつくろうと思うと、ボリュームがどんどん増えてしまいます。読むほうも大仕事です。

そのため、「A3用紙1枚にまとめる」「1枚ベスト、2枚ベター、3枚マックス」といった制限を設けている会社があります。賢い方法なのですが、既存の資料を会議資料に変換し直す手間がかかるのが玉に瑕《きず》。情報を圧縮するのに四苦八苦するハメになります。

そんな面倒なことをするくらいなら、既存の資料をそのまま流用してしまいましょう。「サマリー（要約）」とタイトルをつけた1ページを頭につけて。そこに、提案書なら「提案の骨子」、起案書なら「議論してほしいポイント」、報告書なら「今回の成果」を書いておくのです。こうしておけば、結論が先に頭に入り、残りの資料は必要なところだけを読めば済みます。

文書をつくるときも同じです。手近に新聞があったらご確認ください。1本の記事で、同じ内容が少なくとも3回書かれているはずです。見出し、リード（要約）、本文といったように。

忙しい方のために、一目で結論が分かると同時に、興味に応じたところまで読み進められるようになっているのです。文書づくりでも同様のことを心がけると伝達の効率が格段にアップします。

>>>> いつもストレートがよいとは限らない

「結論から言えば」「ポイントを先に言うと」「成果を先に挙げるとしたら」というフレーズを使う際に注意してほしいことが1つあります。いきなりストレートに結論をぶつけると、相手が面喰らう恐れがあることです。たとえば、医者にこう言われたらどんな感じがしますか。

NG 結論から言えば、あなたはもう助かりません。

直球すぎて身も蓋もありませんよね。だからといって、結論を後回しにして検査結果をくどくど説明されると「先生、いったい、私はどうなんですか！」となります。そんなときは、結論を先に述べる際に、少し表現を和らげるようにしましょう。

OK 結論から言えば、状況は芳しくありません（難しい状況にあります）。

議論でも同じです。中でも、相手から反論されそうな意見を述べる際には、対抗意識を高めないようにするのが賢明です。同じ結論を述べながらも、言いまわしを少し工夫するだけで、ずいぶん印象が変わります。

NG **結論を先に言えば、あなたの意見に反対です。**

OK **結論を先に言えば、私はあなたとは違う意見を持っています。**

NG **結論としては、この事業は失敗です。**

OK **結論としては、この事業はまだ成功に至っていないと言わざるをえません。**

One

ロジカルフレーズ⑫
多面的に考える

1つ目は

覚悟を決めて
指を出す

不思議なパワーを活かした10個の組織

本節はクイズから始めます。NTT、JAL、NHK、JCB、NEC、IBM、UCC、HIS、YKK、FBI。さて、これら10個の組織に共通するものは何でしょうか。

いずれも誰もが知っている著名な組織ばかり。日本を代表する企業もあればアメリカの政府組織もあります。業種や活動領域もバラバラですが、1つだけ明確な共通点がありま す。何だか分かりますか。

答えは、小学生でも（のほうが?）分かりますよね。見ての通り、アルファベット3文字で表されていることです（真面目に検討した方、ゴメンナサイ）。

3は不思議な魅力を持った数字です。日本全国を旅して歩けば、日本三名園、日本三大祭、日本三名瀑、日本三大温泉、日本三大美林、日本三大松原、日本三名橋、日本三大夜景、日本三霊山、日本三大秘境といったものに遭遇します。

ことわざを見ても、「三度目の正直」「石の上にも三年」「仏の顔も三度まで」「早起きは三文の得」など、3を使ったものが山ほどあります。そもそも、日本という国は、天から「三種の神器」を授けられたところから始まっており、3とは切っても切れない縁があります。

なぜ、これほどまで3が好まれるかといえば、ひとえに覚えやすいからです。加えて、3本の線分で図形が安定するように、落ち着き感があるからです。ある程度の幅を持ちながらも、扱いやすくバランスもよい。それこそが、3という数字が持つ不思議な魅力なのだと思います。

>>>> 「分ける」と分かりやすくなる

複雑なものを分けて考えるというのは、人間誰しもが持っている素晴らしい能力です。たとえば、ビジネスをしていると、やるべきかやらざるべきか判断に迷うことが出てきます。そんなときは、メリットとデメリットといったように、分けて考えると決断しやすくなります。

あるいは、近江商人に伝わる「三方よし」という教えがあります。「売り手よし、買い手よし、世間よし」の3つです。今風に言えば、自社、顧客、社会の3つの視点でビジネスを考えようというものです。分けて考えれば検討しやすくなります。

物事を「分ける」と「分かる」ようになります。だから、「分ける」と「分かる」とは同じ漢字を使うわけです。

だからといって、10個や20個にも分けてしまうと処理しきれません。そこでバランスのよい数字である3の登場となります。物事を3つに分けて考えると格段に分かりやすくなります。ロジカルシンキングでぜひ覚えてほしいテクニックです。

>>>>ヌケモレなく根拠を3つ挙げる

第1章1節（20ページ）で「根拠の幅を出す」ことの大切さについて述べました。「違った根拠を複数出すと説得力が増す」という話です。多くの場合、3つも挙げれば必要かつ十分な根拠となります。

OK **ウチの会社は○○すべきです。理由の1つ目は○○だからです。2つ目に△△があって、3つ目としては……。**

常にピッタリ3つにしなくても、3つ前後、すなわち2～4つなら問題ありません。ただし、3つ前後なら何でもよいわけではありません。そう言い切るのに十分な根拠を、モレなくダブリなく挙げてこそ意味があります。「そう言い切るために、何と何と何が必要か？」を考えて、幅広く出すようにしましょう。

すぐに思いつかないときは、漢字の熟語に手掛かりがあります。異なる切り口や視点をセットにしたもの（フレームワーク）が熟語の中にたくさんあるのです。

2字熟語：損得、長短、善悪、新旧、利害、公私、自他、入出、内外、主従、難易……

3字熟語：衣食住、心技体、人物金、知情意、守破離、報連相、正反合、大中小……

4字熟語：起承転結、老若男女、古今東西、加減乗除、喜怒哀楽、冠婚葬祭……

こういった熟語を頭に置きながら考えると、バランスよく根拠を出すことができます。

OK **なぜなら、1つ目にヒトの面で言えば○○です。2つ目にモノの観点で見ると△△となり、3つ目のカネの話で言えば……。**

>>>> 不動産屋の販売テクニックから学ぶ

3つに分けるもうひとつの使い方が、物事を判断するときです。

選択肢を広げてから最善のものを選ぶことで決定の質はアップします。とはいえ、あまり広げすぎると判断に迷います。「やっぱり、あっちのほうが……」と、未練が残る恐れもあります。

やはり、広げるなら3つくらいが適当です。実際、不動産屋がお客に物件を紹介するときは、3～4つを1セットにして見せるそうです。

NG **お客様には○○がおススメです。**

OK **お客様にふさわしいのは、ひとつは○○です。もうひとつは△△があります。さらに□□なんかもいいかもしれません。この3つの中で言えば……。**

選ぶ基準を出すときも、3つくらいあると多面的に考えることができます。なるべく違った観点から判断の物差しを出すようにしましょう。

NG **今は新規性を大切にすべきだ！**

OK **判断に際しては、1つは新規性を考えなければいけません。2つ目に効果性の視点があります。3つ目に実現性も忘れてはいけません。総合的に考えると……。**

中には3つも出せるか自信のない人がいるかもしれません。だからといって、3つそろったのを確認してから発言したのでは間に合わなくなります。

安心してください。「1つは」と話し始めれば、最低もう1つは出さなくてはいけなくなります。そうなれば、あと1つくらいは思いつきます。まずは思い切って「1つは」と言ってみることが、3つ出すためのコツです。

>>>> スマートな指の出し方を身につける

できれば、「3つあります」と潔く最初に宣言するほうが、聞いているほうは分かりやすくなります。前節の「結論から」の応用です。

OK **ポイントは3つあります。1つ目には……。**

あわせて指を立てて数字を示すとアピール力が強くなります。「無理でも3つ出さないといけない」という覚悟も決まります。

日本では、人差し指・中指・薬指の3本で表すのが一般的です。「1つ目に」のところで、指を折っていくのか、いったん握ってから出していくのか、あるいはもう片方の指で押さえていくのか、数え方にもいろいろあります。

ちょっとカッコをつけたかったら、欧米人がよくやる、親指、人差し指、中指を立てるやり方をお勧めします。ただし、一部の国では8を意味するらしく、要注意です。

あるいは、OKサインのように親指と人差し指を折って、残りの中指、薬指、小指で3を表す方法もあります。このときは、手の平を自分に向けておかないと、0と勘違いされる恐れがあります。

スマートに指を出せば、考え方もスマートな印象を受けます。とっさのときにマゴマゴしないよう、鏡の前で練習に励んでみてはいかがでしょうか。

One

ロジカルフレーズ⑬
前提を明らかにする

そもそも

マクロから
ミクロを考える

進め方で紛糾したグローバルな会議

日本と米国で思考形式がまるで違うことを痛感した一件があります。あるグローバル企業で、日米の幹部が東京に集まって、来年度の戦略と計画への落とし込みを議論することになりました。

まずは、会社のミッション・ビジョンから始まり、中期方針・戦略のレビューがあり、来年度の目標を共有していきます。そこから、各部門での戦略・方針が議論され、方策のすり合わせをして何とか形が見えてきました。ところが突如「卓袱台《ちゃぶだい》返し」が起こったのです。

造反の狼煙《のろし》を上げたのは、数人の日本人幹部です。「こんな机上の空論をやっても意味がない。まずは現場の実情をしっかりと把握し、地に足のついた議論をすべきだ！」と言うのです。

それに対してアメリカ人からは「何を馬鹿なことを言っているんだ。ビジョンを現場に落とし込むのが我々の仕事ではないか」と反論が。望ましい議論の進め方が１８０度違っていたわけです。

ザックリ言えば、欧米のビジネスパーソンの間では「抽象的なものから具体的なものへ」と（演繹《えんえき》的に）物事を考えるのが一般的です。「そもそも」と、物事を本質や根源から考えようとするのです。またそれが賢明な人のやり方だとされています。

ところが、日本では逆。どちらかと言えば、「具体的なものから抽象的なものへ」と（帰納的に）考える人が幅を利かせています。「今は」「ここでは」と細部から積み上げ、全体として言わんとしていることを見つけようとします。

>>>> 2つの思考形式を組み合わせて考える

もちろん、どちらか片方が正しいという話ではありません。両方を巧みに組み合わせて考えるのがベストです。

実際、このときも「そこまで言うなら」という話になり、逆パターンでやってみたところ、意外な発見がいくつかあり、アメリカ人も「なるほど」と納得。結局、両方の考え方をつきあわせることになり、より一層議論が深まったのでした。

思考ツールで言えば、米国生まれであるロジックツリー（ツリー状に情報を分解していく方法）にも、日本で生まれた親和図法（カードに情報を書いてグルーピングしていく方法）にも、それぞれ良さがあるわけです。

おそらく本書をお読みの方々は、後者が得意な方が多いと思います。だったら、あえて前者の思考を鍛えておきましょう。欧米生まれのロジカルシンキングでは大切にされる思考法です。覚えたいフレーズは**「そもそも」（本来は、元々は）**です。

NG **とりあえず、いま起こっていることから考えれば……。**

OK **そもそも、**私はいま何をすべきなのだろうか。

>>>>自分が舵取りできる論点を設定する

「そもそも」で一番に考えてほしいのが「論点」（イシュー）です。

OK **そもそも、いま何を考える（検討する、議論する）べきなんだろうか？**

今までお話をしていませんでしたが、ロジカルシンキングは論点が決まった後で動き出すものです。論点、すなわち考えるべきテーマや扱う問題は、自分で決めるしかありません。残念ながら、ロジカルシンキングは論点を教えてくれません。

身の周りに起こっていることや森羅万象の中から、何を論点として取り出すかは、本人の興味や問題意識にかかっています。論点を設定するセンスが求められるわけです。

たとえば、考えても答えが出ない論点は不適当だと言わざるをえません。

よく「過去と他人は変えられない」と言います。過去、他人、偶然、運命、環境といった、自分が舵取りできないことを考えても仕方ありません。できれば、未来や自分といった、自分が舵取りできることを論点に設定しましょう。

OK そもそも、この論点は、自分で舵取りできることなのだろうか？

自分が舵取りできても、あまり瑣末《さまつ》なことも、考える時間がもったいないです。できれば、考えるだけの価値や意味のある論点を設定したいものです。

OK そもそも、この論点を考えることで、どんないいことがあるのだろうか？

>>>> そもそも論に引き戻すタイミングがある

次に「そもそも」を考えてほしいのが目的です。

細かい話を議論しているうちに、何のための話をしているのか見失ってしまうことが、よくあります。どこかで「そもそも論」に引き戻さないと、どんどん瑣末な話に陥ってしまいます。

NG **だから、そうじゃなくて、○○だと言っているじゃないか……。**

OK **それは分かるのですが、そもそも、私たちは何を目指しているのでしょうか？**

この場合はタイミングが重要です。機が熟していないときにやっても、「そんなことは分かっている」と蹴られてしまいます。考えに考えて何が何だかよく分からなくなった。そういうタイミングでそもそも論を持ち出すからこそ、目からウロコとなります。

あるいは、前提（与件）の確認も大切です。話し合いでなぜ意見が食い違うかといえば、かなりの部分が前提のズレです。当人が当たり前だと思って伝えていないことがあり、それが相手に伝わっていないのです。必要に応じてそもそも論をぶつけてみましょう。

OK **そもそも、それは事実ですか、意見ですか？　意見だとしたら誰の？**

OK **そもそも、長期か短期か、どんなスパンで考えた話ですか？**

あいまいな言葉は定義を確認する

もうひとつ、「そもそも」で考えてほしいことがあります。使っている言葉の意味です。一例を挙げると、「ウチの会社は戦略がない」という議論をよくしますが、人によって戦略の意味が違っていることがよくあります。長期的な目標（ビジョン）だったり、起死回生の一手だったり、はたまた大胆な構造改革だったり……。

私たち日本人は言葉の意味を明らかにせず、阿吽《あうん》の呼吸やその場の空気でニュアンスを伝えようとします。それが悪いわけではありませんが、ロジカルシンキングという点では感心しません。

私たちは、言葉で物事を考え、言葉を使ってコミュニケーションをします。言葉の意味があいまいだったり、食い違っていたりすると思考が深まっていきません。具体的には次のようなもの（思考停止ワード）は要注意です。

- 概念を表す言葉：夢、コンセプト、品格、プロ意識、全社的議論　など

●流行《はや》り言葉：グローバル化、コンプライアンス、コミットメント　など
●紋切り型の表現：戦略がない、組織の壁が厚い、風通しが悪い　など
●情緒的な表現：やる気を出す、頑張る、誠心誠意努める、遺憾である　など
●お役所言葉：検討する、推進する、善処する、徹底する、強化する　など
●程度を表す言葉：大きい、多い、広い、高い、増える、かなり　など

案外、同じ言葉をまったく違った意味で使っているかもしれず、「そもそも」で定義を確認するようにしましょう。

OK **そもそも、〇〇という言葉はどういう意味で使っていますか？　たとえば、どんなことですか？** One

ロジカルフレーズ⑭
考えを帰着させる

いずれにせよ

ここまでの考えを総括する

会議に出没する〝そもそもオジサン〟

前節では、「そもそも」と本質に立ち戻ることの大切さについて話をしました。ただし、何でもかんでも「そもそも論」をふっかける〝そもそもオジサン〟（男性、中年、理系に多いのでオジサンとしました）にならないようにしてくださいね。

ひとつ例を挙げましょう。ある部署からの提案を会議で審議しています。丁寧な説明があり、懸念点や代替案が検討され、結論の方向性がおおむね見えてきたところで、さっきから黙っていたオジサンが満を持して発言します。

「そもそも、こんな小手先の話で問題が解決できるのか？　本質的には、企業戦略そのものを見直すべきではないのか？　元々、議論の目的がズレているのではないか？」

たしかに、正論はそうかもしれません。しかしながら、今回はそれをやる時間もなければ準備もしていません。そこまで戻してしまうと、今までの議論が無意味になってしまいます。

やんわりとそう説明しても、一本取ったつもりのオジサンは言うことを聞きません。正論だけにむげに却下することもできません。

仕方なく、少し付き合ってみたものの、予想通り議論が深まってきません。「やっぱりこの場では難しく、とりあえずこのあたりで……」となるのが、よくあるオチです。

最後に議長が「いずれにせよ、今回の提案は承認ということでよろしいですか？」と尋ねると、気が済んだのか、そもそもオジサンからも「まあ、いいだろう」と承諾の返事が。

「だったら、そもそもなんて言うなよ！」と全員が心の中でツッコミを入れるのでした。

>>>いったん現実に引き戻して考える

たしかに、「そもそも」と目的、論点、前提に立ち戻ることは重要です。ところが、それればっかりやっていると、肝心の方策、結論、議論が疎かになってしまいます。毎度それをやられたら、面倒でたまりません。

それに、そもそも論は、少なからず思考や議論を後戻りさせます。本人は何か高尚なことを指摘したつもりでも、状況によっては何も生み出さないこともあります。持ち出すタイミングを見極める必要があるのです。

もし、そもそも論をやりすぎて、本来考えるべきことからあまりに離れてしまったら、いったん元に戻しましょう。そのときに使うのが**「いずれにせよ」（とにかく、何はともあれ）**というフレーズです。

OK **そもそも、この議論は何のためにやるのでしょうか？**

OK **いずれにせよ、この問題を解決する必要があるということですね。**

「そもそも」が俗世間から離れて天に昇っていく感じがするのに対して、「いずれにせよ」は現実の世界に降りていくイメージがします。それまでの内容を総括したり、最後のまとめで使うことが多くなります。

最後に「いずれにせよ」で総括する

「いずれにせよ」が効果的なのは、考え方が複雑になりすぎたときです。

ロジカルシンキングでは、いろんな視点から検討し、ヌケモレなく根拠を調べ、さまざまな選択肢を吟味することが大切です。ところが、そのまま人に伝えるとなると、筋道が複雑すぎて、理解しづらくなってきます。

だからといって、最初から端折ってしまうと、「本当にこの人はいろいろ考えたのだろうか?」と疑いたくなります。なので、いったん多様な考え方を説明してから、最後に「いずれにせよ」とやるのが効果的です。

NG いろいろありますが、**とにかく**私たちが取るべき方向としては……。

OK **たしかに**Aという考え方がある。**とはいえ**、Bも考えられる。**でなければ**、Cもあるかもしれない。**いずれにせよ**、私たちが取るべき方向としては……。

会議や交渉でも同じです。各方面からさまざまな意見を一通り集めてから、それらをいったん総括するのに使います。

OK Aというご意見がありました。**かたや**、BやCという見解があり、Dという話も出てきました。**何はともあれ**、今すぐにやるべきは……。

>>> 共通項を見つけ出す3つのパターン

「いずれにせよ」で取り出すべきは、前段で出てきた内容の共通項です。それは3通りのパターンがあります。

たとえば、社員旅行の行き先を議論していて、A（熱海）、B（温泉）、C（保養地）の

3つの考え方があるとします。Cであれば、AとBを包含することができます。

OK **AやBはCに含まれるということで、いずれにせよ、Cであればいいのですね。**

同じく、懇親の方法を議論していて、A（お花見）、B（飲み会）、C（バーベキュー）の3つの考え方があるとします。いずれも、活動の中に「飲食」（X）が含まれており、その部分では重なり合っているといえます。

OK **AとBとCが重なり合っているのはXです。とにかく、Xが求められるのですね。**

また、職場活性化の方法に対して、A（飲み会）、B（朝礼）、C（SNS）の3つの考え方があるとします。3つとも、手段は違っていても、「コミュニケーションを促進する」（Y）という上位目的は同じです。

OK **AとBとCともに目的はYです。ともあれ、Yを進めていこうということですね。**

3つのパターンを覚えておくと、議論のとりまとめにも重宝します。分かりにくい方は、図を描いて考えると共通項がつかみやすくなります。

>>> 切り捨てや誘導には使わない

逆に言えば、これら3つのパターンに当てはまらないのに、「いずれにせよ」とまとめてしまうのは論理的とはいえません。

よくあるのは、自分に都合のいいように相手の考え方を解釈してしまう、我田引水です。何を言っても、持論のほうに持っていってしまいます。

NG　なんだかんだいって、とにかく、君はこの役割が気に入らないんだな。

あるいは、少数意見や都合の悪い意見を切り捨て、強引に結論を誘導しようとするのに「いずれにせよ」を使う人がいます。

NG **いろいろご意見を賜りましたが、いずれにせよ、皆さんご賛成ということで、よろしいですね？**

こういう傲慢《ごうまん》な態度に対しては、「いずれにせよ」の前のロジックに異議を唱えるようにしましょう。

OK **「いずれ」とは、何と何と何ですか？　それらをまとめると、どうして今の総括になるのですか？**

「いずれにせよ」は、いわば両刃の剣です。うまく使えば、考え方の筋道が明確になり、傲慢に使えば、それまでの努力を台無しにしてしまいます。使う人のセンスと姿勢が問われるフレーズのひとつです。

One

ロジカルフレーズ⑮
考えを概括する

おおよそ

ザックリと全体を把握する

物理屋は細かい数字にこだわらない

私の専門は、ロジカルシンキングでも経営学でもありません。大学院では応用物理学を修め、メーカーに入社したときは研究所に配属されました。

物理は、世の中でもっともスケールの大きい学問です。メートルでいえば、10のマイナス35乗のプランク長から、10の27乗の大きさの宇宙まで、壮大なスケールで物事を考えます。そのため、物理屋は、細かい数字よりも桁数（10のべき乗）で考える癖を持っています。

そんな私が〝文転〟してマーケティングの仕事につくと、営業の方々と話をする機会が多くなりました。驚かされたのは、数字の細かさです。なにせ、末尾1桁の数字の多寡にこだわり、正確な数字を求めてくるのですから。

桁数で考えることに慣れている私は「そんなもの、どうでもいいじゃない」と思ってしまいます。話がかみ合わなかったことをよく覚えています。

「三つ子の魂百まで」と言いますが、桁数で考える癖は今でも抜けません。

先日、父親が退院するにあたり、お願いしていた診断書を窓口に取りに行ったところ、「すみません。もう少しお待ちください」と言われてしまいました。段取りの悪さに頭にきた私は、条件反射的に質問をしていました。「もう少しとは1日ですか？　1週間ですか？　1カ月ですか！」

皆さん、物理屋とお付き合いする際は、最初に単位を伝えてあげてください。そうすれば、吠えたり、噛みついたりすることはありませんから……。

≫≫ザックリつかんでから細部に入る

桁数の話は大げさとしても、はじめに物事をザックリととらえておくことは、効率的に考えるのに欠かせません。活用すべきフレーズとしては「**おおよそ**」（おおむね、概して、**大まかに言えば、ザックリといえば、全体としては、総じて**）です。

NG **まだ準備ができておらず、もう少しお待ちいただけますか？**

OK **通常ですと、おおよそ1週間程度かかります。たぶん、今日が月曜日なので……。**

たとえば、慣れない土地に行って目的地を探しているとしましょう。土地の人に道を尋ねたところ、2通りの教え方をしてくれました。どちらが分かりやすいか、言うまでもないと思います。

NG **そこの角を左に曲がり、3つ目の交差点を右に曲がって100メートルほど進み、さらに……。**

OK **それは、おおむね北東に徒歩10分のところにあります。ここからの道のりを言えば、最初に……。**

自分1人で考えるときも、細かい枝葉の話はひとまずおいて、まずはザックリと全体像をとらえるようにします。そうやって、大まかに見当をつけてから、細部に分け入るのが要領のよいやり方です。

>>>> まずは一般論として考えてみる

ロジカルシンキングとは、「10人中10人がそうだと思う」筋道をつくることだ、という話をしました。そのためには、まずは一般的に考えるのが得策です。常識が共有できていれば、一般論はいつでも通用するからです。

NG 社長はやる気満々ですが、営業は腰が引けており、かといって現場は……。

OK 一般的（基本的）には、ここは無理をするときではありません。

もちろん、一般論で物事が片づくほど世の中は甘くありません。特に、競争が激しいビジネスにおいては、一般論を超えた智恵が求められます。

だからといって、いきなり奇策に走っても、誰も賛同してくれませんし、リスクも大きすぎます。まずは一般的な考えをしっかりと押さえた上で、オリジナルな考えへと発展させていきましょう。

OK 一般的には無理でしょう。とはいえ、ウチの強みである〇〇が△△できるなら……。

このように、ロジカルシンキングを進めるには、定石となる基本的な考え方を身につけておく必要があります。

ビジネスで言えば、経営学の知識であったり、先人たちが培った経験則であったり。基本となる型をしっかりと身につけた上で、自分なりに型をアレンジしたり壊したりしていきます。それこそ、芸能や武道で培われた上達のセオリーです。

>>>>論理的イコール正しいとは限らない

さらに言えば、ロジカルに考えることが正しいわけではありません。

現実の社会で起こることに関して言えば、論理と正しさは別問題です。論理的に正しくても、価値観や心情として正しくないということは、世の中に山ほどあります。

実際、ロジカルに考えてうまくいく話もあれば、いかない話もあります。ロジカルだけで物事が解決できるなら、こんなにも多くの人が人生で悩み、今なお世界中で戦争や貧困があふれかえるはずがありません。

第一、今の複雑な世の中に正解と言いきれるものはどこにあるのでしょうか。結局やってみないと正解かどうか分からないというのが、本当のところです。

とはいえ、少なくともロジカルに考えたほうが、正解だと思いやすくなります。みんなが信じて頑張れば、いい成果が出ます。それこそがロジカルに考えることの意味です。

なので、あくまでも優先順位の話だとお考えください。まずは論理的に考えてみるべきだと。

NG Aさんの気持ちを考えると○○だし、Bさんの立場では△△だろうし……。

OK **ひとまず論理的（客観的）に考えると、今回は○○すべきなんだと思います。とは**いえ……。

ロジカル人間は冷たい人なのか？

ついでに言えば、論理的イコール感情を排した冷たい考えである、というのもよくある誤解です。

たしかに、怒り狂っている相手に、落ち着くように理詰めで説得しても、火に油を注ぐだけです。それよりは、「それは怒るよね」と共感することのほうが、望ましい対応となります。

それは、「受けとめてもらえると感情が和らぐ」という一般的な法則（パターン）があるからです。物事を因果関係や原理といったワケありで考えるのが論理であり、共感するほうが本当はロジカルなのです。

特に最近では、心がからむ問題に関しても、脳が持つ機能や感情に関わるホルモンの話として解明されることが増えてきました。「あなたがやる気にならないのは、あなたが悪いのではなく、脳科学的に言えば○○というメカニズムが働いているからです」といった説明です。

実際に、心の病の代表選手であるうつ病は、薬物療法が主流となっています。最近、マインドフルネス（瞑想）が流行《はや》っているのは、脳の扁桃体《へんとうたい》に作用する科学的な療法であることが分かったことに一因があります。心の問題は、脳や体の問題に還元され、どんどんロジカルに扱えるようになってきているのです。

私たちの体の中に起こっているのは、化学反応や電気信号のやりとりです。その原理原則を説明するのが物理です。だから、物理を学んでおけば、どんなことにもつぶしがきくのです（ホンマかいな？）。

ロジカルフレーズ⑯
考えを限定する

あくまでも

限定をつけると
自由になれる

>>>>謝罪会見を無難に乗り切るには？

「申し訳ございません」と雁首をそろえて数秒間、頭を深々と下げる謝罪会見。テレビではすっかりお馴染《なじ》みの風景となりました。

いろんな会見を見ていると、受け答えが上手い人と下手な人がハッキリ分かります。典型的なのが、「今回の件でトップとして責任を取るおつもりですか？」といった、答えられない質問を受けたときの応答です。

最悪は、「お答えできません」（ノーコメント）です。本当に答えられないのでしょうが、これでは、門をピシャリと閉じてしまうのと変わりません。「不誠実な人」という印象を与え、火に油を注ぐことになりかねません。

上手なのは、辞めるとも辞めないとも、検討するともしないとも答えず、「たしかに、それも考えなければいけないこと（選択肢）のひとつです」と一般論で返すことです。これなら、言質をとられることもありません。

ただし、相手によっては「そつなくかわした」という印象を持たれてしまうかもしれません。そうならないためには、「あくまでも、一般論でのお答えでよければ」を頭につけるようにします。限定つきの回答であることをあらかじめ知らせておくのです。

さらに、「一般論ではなく、個人としてのお考えを聞かせてください」とツッコまれたら、「あくまでも、現段階でお答えできるのは、これだけです」「この場でお話しできるのはここまでです」と、やはり条件を明示した上で返すようにします。運悪くこのような事態になったら使ってみてください。

「あくまでも」で限定をつける

ロジカルシンキングでは、誰もが認める正しい筋を探究していきます。だからといって、いきなり正解が見つかるわけではありません。いろんな考え方や可能性のある筋道（仮説）をたくさん出して、その中からまっとうな筋道を探していきます。

結論に至る過程では、個人的なモノの見方、筋が怪しい考え方、憶測やあてずっぽうなども材料の1つとなります。そういった考えを自由に出し合うからこそ、最適な筋道が見つかります。

それらをいちいち、「論理的でない」「客観的でない」「根拠が怪しい」とつぶしていたのでは、考えが広がりません。いわばこれらは、正解を見つけ出すためのアシスト役。1つひとつが論理的に怪しくても、最後に1本確かな筋道が見つかればよいのです。

そのためには、自信のない考えは、**「あくまでも」**（**限っていえば、絞っていえば**）と限定条件つきで提示するのが得策です。

OK **あくまでも、1人の課長としての見解ですが……。**
OK **あくまでも、仮（想定・推定）の話ですが……。**
OK **あくまでも、私の経験から言えるのは……。**

≫≫制限を置けば考えやすくなる

限定をつけるメリットは大きく2つあります。ひとつは、制限を置けば考えやすくなることです。

意外に思われるかもしれませんが、適度に制限があるほうが、発想がしやすくなります。たとえば、「幸せになるには?」と問われても、あまりに考える範囲が広すぎて途方に暮れてしまいます。

かたや、「仕事の人間関係の上でつかの間の幸せを感じるには?」ならすぐにいくつか答えが思いつきます。スポーツと同様、ルールや場所の制約があるからこそ、その中で自由に楽しめるのです。何もなかったら競争にすらなりません。

本書にしても、テーマ、字数、文体、納期などの制限があるから書けるのであって、まったく自由に何か書けと言われると、途方に暮れてしまいます。

すぐに考えが浮かばないのは、範囲が広すぎて手掛かりがないからかもしれません。「あくまでも」で制限をかけて検討してみてはいかがでしょうか。

NG どうやったら上司に認めてもらえるだろうか？

OK **あくまでも、**短期的な仕事の成果という面に限って言えば、どうやったら上司に認めてもらえるだろうか？

NG 会社の業績を上げるにはどうしたらよいだろうか？

OK **あくまでも、**私ができる範囲で考えて、会社の業績に貢献できることに何があるだろうか？

>>>> いろんな考えが出しやすくなる

限定をつけるもうひとつのメリットは、いろんな考えを提示しやすくなることです。「あくまでも」で条件づけすれば、憶測、妄想、思いつき、思い込み……何でもOKとなります。大胆な考えを提示するには、もってこいのフレーズです。

「おそらく」（多分、もしかすると）といった確からしさの程度を表す言葉とセットで使うとさらによし。控えめながらも、しっかりと主張している印象を受けます。

OK **あくまでも**私の思い込み（素人考え）かもしれませんが、**おそらく（もしかすると）**、ウチの会社では……。

OK **あくまでも**情報が不確かな中での直観なんですが、**場合によっては**〇〇という可能性もあるのでは……。

「あくまでも」は、話し合いの場でも威力を発揮します。

異なる意見を真正面からぶつけるのは抵抗があります。「あくまでも私の個人的な意見ですが」「あくまでも思いつきのアイデアですが」と断れば、やんわりと違う考えを提示できます。発言を促す際にもハードルを下げる効果があります。

NG どうやったら、もっと職場が楽しくなると思いますか？

OK **あくまでも**、個人的な思いつきや妄想で結構です。どうやったら、もっと職場が楽しくなると思いますか？

＞＞＞＞一般論で攻められたときの対処法

「あくまでも」の便利な使い方を最後に1つお教えしましょう。

みんなが認める筋を追い求めるロジカルシンキングでは、一般論がそれなりの説得力を持ちます。議論をしていて、「一般的には」「普通は」「常識的に言えば」とやられると、ある程度は認めざるをえなくなります。

しかしながら、一般論といっても、物理法則のように、地球上のいついかなる場合でも通用するわけではありません。社会の中である範囲に起きた一定の現象から導き出されたパターンにすぎません。

しかも、世の中はどんどん変化します。状況が変われば常識もどんどん変わります。過去の常識を現在に当てはめても合理的とは言えません。世の中に、例外がない話もありません。

もし一般論で攻められたら、「あくまでも」を使って、それが成り立つ条件を指摘しましょう。その上で、新たな条件を設定して、その土俵の上で戦うようにするのです。

NG こういうときは、一般論から言えば、普通は○○するものだよ。そんなの常識じゃないか。

OK **あくまでも**、それは日本という国の、高度経済成長をしていた時期での、しかも製造業における話ですよね。果たしてそれが、グローバル化が進む今の金融業界に通用する話なのでしょうか？

OK **あくまでも**、それは通常時での対応ですよね？　この危機的状況において、果たして効果があるのでしょうか？ One

創造系

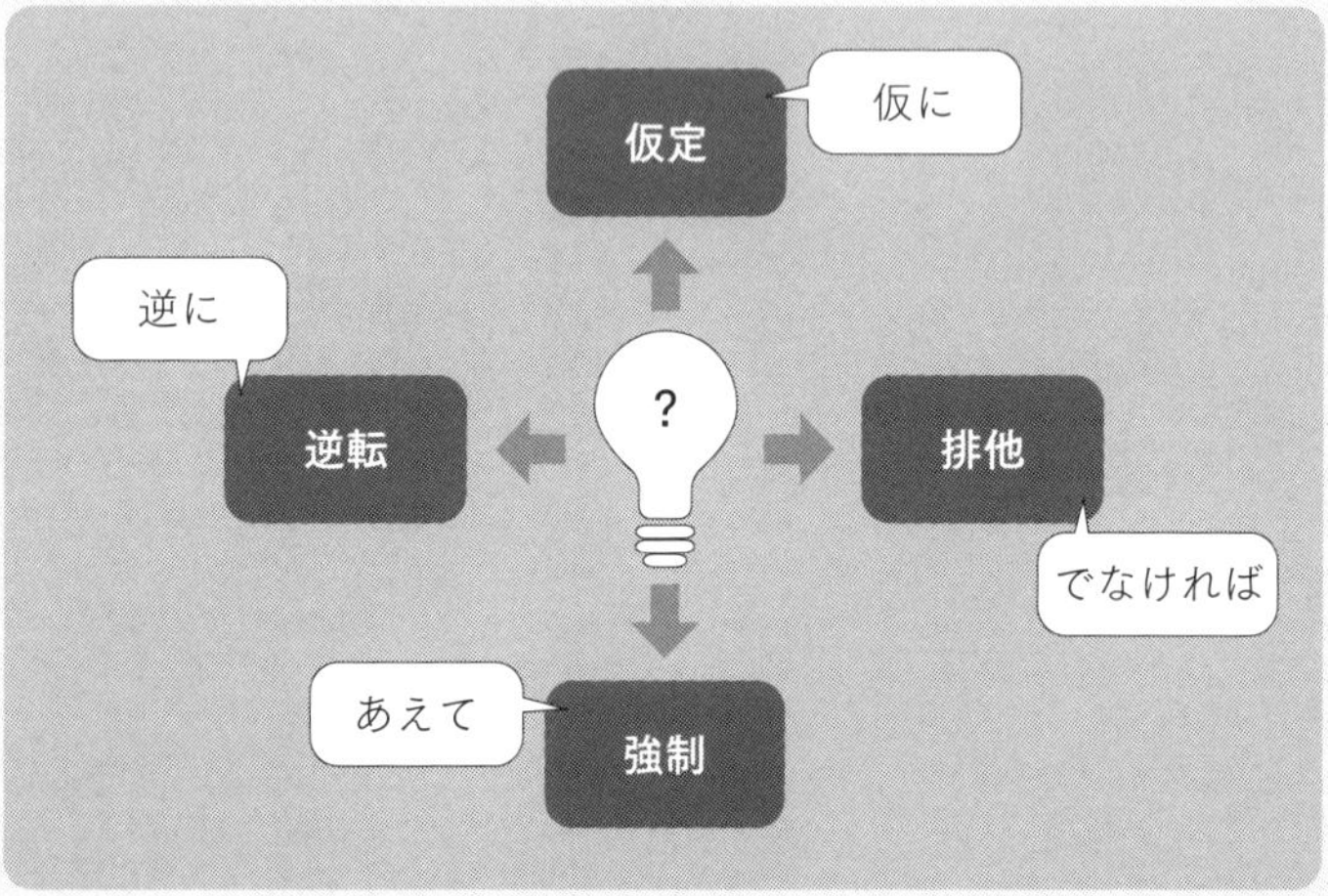

レベル系

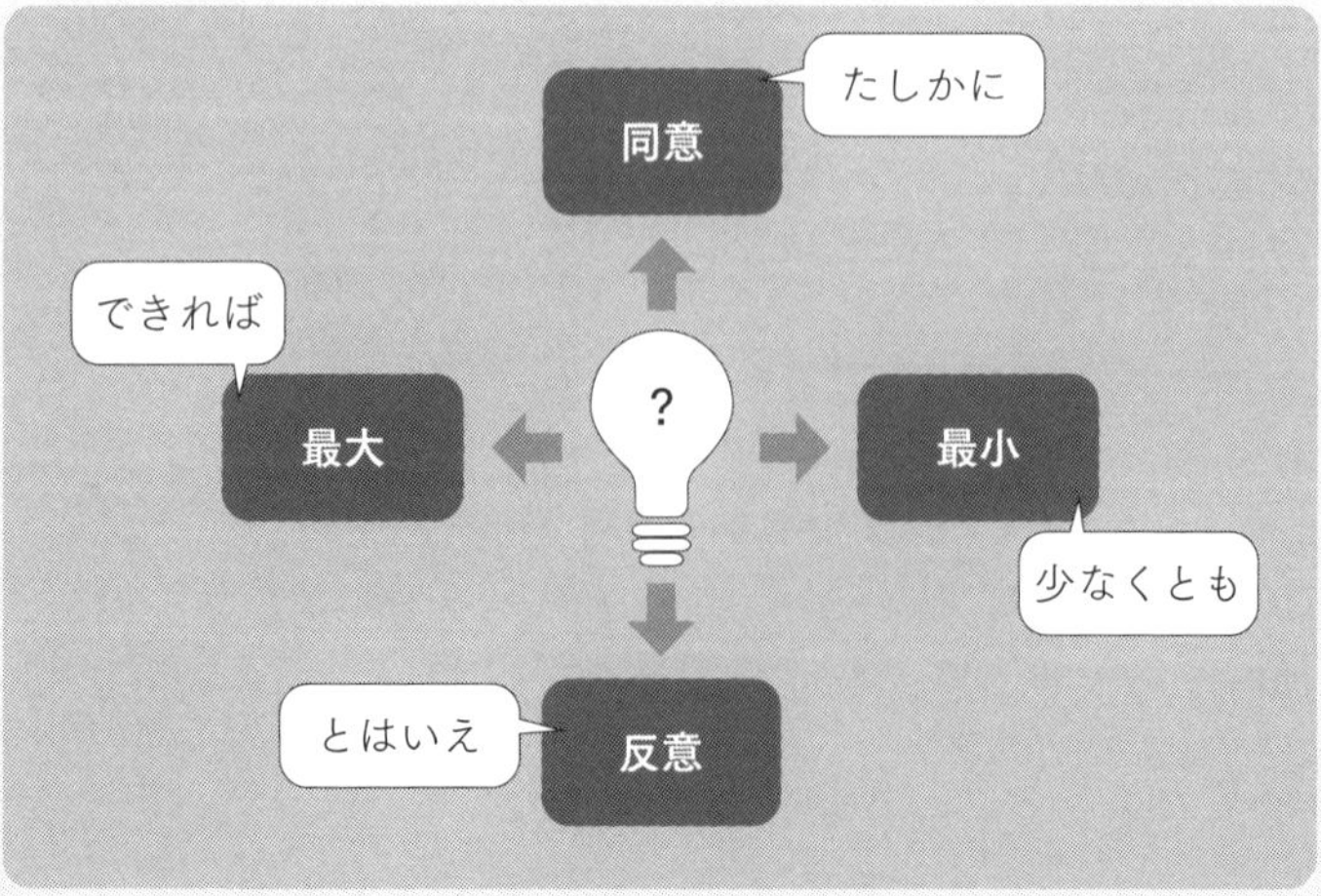

第3章

一段深く考えるための「実践フレーズ8」

思考の壁を打ち破るために用いるワンフレーズ（創造系）と、思考の程度や範囲を自在に動かすためのワンフレーズ（レベル系）を取り上げます。

ロジカルフレーズ⑰
仮定して考える

仮に

ピンポイント
爆撃で攻める

>>>>人生は運や巡り合わせに翻弄される

私が気に入っているTV番組にNHKの「ファミリーヒストリー」があります。著名人の家族の歴史を、本人に代わって追いかけていくドキュメンタリー番組です。

初回から欠かさず見ていると、どの一家にも栄枯盛衰のドラマがあり、順風満帆であるほうが珍しいことが分かります。それと同時に、自ら切り拓いたつもりの人生が、実は家族の長い歴史の1コマにすぎず、家族の絆や運命に導かれていることに気づきます。

さらに、偶然が人生を大きく左右していることに驚かされます。たとえば、ある方の祖先は、先の戦争が始まるにあたり、海外から引き揚げる船に乗りそびれて、逆に命拾いしました。また、ある方の祖先は、姉の代理で旅行に参加したことで、後に夫となる人と出会うことができました。

もし、あのときに帰国船に乗ることができていたなら。もし、姉が予定通りに旅行に参加していたなら……。当然、その著名人はこの世に存在せず、私たちもその方の作品やパフォーマンスは楽しめません。それがまた我々の人生に影響を与えます。

そう考えると、いかに人生が運や巡り合わせに翻弄される危ういものか、恐ろしい気すらします。

そう言えば私だって、もしあのときに友人がロックコンサートのチケットを譲ってくれなかったら。もしあのときに、最初に誘った女性がＯＫしてくれていたら。今の妻とは結婚していなかったかもしれません。

仮にそうなら、今頃どんな人生を送っていることか……。ウ～ム、やはり歴史にイフ（if）は禁物かもしれませんね。

>>>> 仮定の話で発想を広げる

本節で取り上げたいフレーズは**「仮に」（もし、万が一）**です。仮定を置いて考える思考法です。

仮の話なら、現実から解き放たれて自由に発想できます。思考の制限を取り払うのに「もし」は威力を発揮します。状況の仮定と立場の仮定の大きく2つのパターンがあります。

NG **もうこれ以上、私にできることはない。**

OK **もし、何でもできるとしたら、何をするだろうか？（状況）**

OK **もし、私が社長だったら、何をするだろうか？（立場）**

しょせん、空想の話ですから、内容にそれほど責任を持つ必要はありません。会議で発言が出にくいときに、ハードルを下げるのに使うと効果的です。

NG 本件についてあなたはどう考えますか？

OK **あくまでも仮の話として、もしあなたが本件を決めるとしたら、どうしますか？**

仮の話だといっても、少なからずホンネが透けて見えます。「なぜ？」「その理由は？」と質問を繰り出していけば真意が見えてくるようになります。

ちなみに私は、娘が小さいときにこの手を使って話を引き出していました。「仮に何にでもなれるとしたら、何になりたい？」といったように。ところが、あるときから「仮定の話にはお答えできません」と政治家風の「答弁」をするようになってしまいました。やりすぎにご注意を。

仮説➡検証のサイクルを回す

絵空事だけ考えていても論理になりません。仮定の話は、本当に成り立つかどうか調べてこそロジカルシンキングです。いわゆる仮説➡検証のサイクルを回すのです。

間違いのない判断をするには、徹底的にヌケモレなく根拠を検討する必要があります。

ところが、そうすると時間がかかってしまい、急ぎの場合に間に合いません。

だったら、仮説という名の予断をおいて、その検証に必要なところだけ調べるというのはどうでしょうか。いわば、前者が絨毯《じゅうたん》爆撃なら、後者はピンポイント爆撃です。考える対象を絞れば手間も時間も省けるはずです。

実際、救急医療のドクターも後者で問題解決にあたります。一刻を争うときに、いろんな検査をしたり、詳しい病歴を調べたりする時間はありません。限られた情報と直観を元に、「大動脈瘤破裂かもしれない」といった仮説を置き、それが合っているかどうかの検査をします。そうしないと間に合わないのです。

物事を考える時もまったく同じです。少ない時間で効率的に筋道をつくりだすには、仮説を使うのが賢いやり方です。

OK もしかして製品ではなく価格に問題があるのではないか。もし、そうだとしたら、○○を△△したときに□□となるはずだから……。

>>>よい仮説をつくるための秘訣

ただし、これが功を奏するかどうかは、仮説の良し悪しにかかっています。「ピントはずれの仮説を立てては崩される」の連続では、かえって手間がかかってしまうからです。いっそのこと絨毯爆撃のほうが早いかもしれません。

NG　とりあえず○○かな？　いや違った。だったら△△？　これも違った……。

ところが、よい仮説をつくる決定的な方法はありません。目の前にある事象から「○○に違いない！」と〝ひらめく〟しかありません。最後は直観力や洞察力、つまりセンスがモノを言います。

そのためには、徹底的に調べようと思わず、全体をザックリつかんで問題を俯瞰《ふかん》的に見ることです。調べすぎるとかえって本質が見えづらくなります。

さらに、個々のデータではなく、底に流れるトレンドやパターンを見つけ出すことが、よい仮説づくりに役立ちます。

また、人づてに聞いた話、統計的に処理されたデータ、マスメディアに流れている情報では直観はうまく働きません。お客様の振る舞いや生の声、現場で起こった出来事や事件、些細なもめ事や矛盾といったライブ感のある情報に直に触れることです。「現場」「現物」「現実」に直に接して、心に引っかかったことをヒントにするのです。

人間は都合よく考える癖がある

検証するときに1つ注意しなければならない点があります。

いったん仮説をつくると、都合のよい情報にばかり目がいきがちになります。否定する情報があったとしても、「大したことはない」「これは例外だ」と軽視してしまいます。下手をすると、よほどのことがない限り、すべての仮説が肯定されてしまいます。

血液型による性格診断が典型です。「この人はB型かな?」と仮説を置いたら、「マイペース」「楽天的」といったB型的なところばかり目につきます。「慎重」「几帳面」といったA型的な性格があったとしても目に入りません。

それで本当に相手がB型だったら「やっぱり！」となるわけです。もちろん、血液型診断は科学的根拠がどこにもなく、世界中で信じているのは日本だけです。

仮説をつくるのに直観やセンスに頼っても一向に構いません。しかしながら、それを検証するのは論理的かつ客観的でなければなりません。そのためにこそロジカルシンキングがあります。

「本当にそうなのだろうか？」「他の仮説が考えられないのか？」と疑う気持ちを持つことが大切です。血液型診断のようなトンデモない結論を導かないよう重々注意をするようにしましょう。

OK　仮に、仮説に合わないところがあるとしたら、どこだろうか？

OK　もし、もっと説明がつきやすい仮説があるとしたら、どんなものだろうか？

One

ロジカルフレーズ⑱
強制的に考える

あえて

時には無理に
考えてみる

日本の会議の最大の問題点とは？

「ファシリテーション白書2014年版」（日本ファシリテーション協会編著）は、話し合いを促進するファシリテーション・スキルの普及度合いを定点観測した調査研究資料です。その中に、約1000名の方を対象にして、日本の会議の現状を調べたデータが載っています。

興味深いのは、「あなたが参加した話し合い・会議がうまくいかなかった要因はなんでしたか」という設問です。1位・2位が何だか分かりますか。

1位が「発言が一部の人のみに偏っている」（22％）、2位が「本音で話すことができない雰囲気がある」（15％）です。そう言われると、「どこも一緒なんだな……」と思う人が多いのではないでしょうか。

「なぜ、こうなってしまうか？」は、おおよそ想像がつきます。

議題の内容はあらかじめ根回し済み。シナリオ通りに話し合いが進み、意見を言っても結論が変わることはありません。筋書きにないことを持ち出したり、若者や部外者が思うままに発言したりすると、「空気を読め」「場をわきまえろ」という無言の圧力がかかってきます。

議論が巻き起こったとしても、多くの人にとっての関心はみんなと同じ意見であること。自分の意見は心の中に封じて、大勢になびこうとします。その結果、合理的でない提案が、その場の勢いで全会一致で決まったりします。

これを変えるには、いったい、どうしたらよいでしょうか。

>>>> 言いにくいことをあえて表に出す

状況を変える第一歩は、「同じ思いの人がいるはずだ」と信じて、勇気を持って発言することです。声なき声を表に出す口火を切るのです。そのときに使いたいフレーズが**「あえて」（強いて、無理にでも、わざと）**です。

NG **わざわざ、ここで言うことはないんだけど……。**

OK **あえて、一言述べるとしたら……。**

「あえて」とは、「しなくてもよいことを困難や抵抗を押して意図的に行うさま」（大辞林）です。平たく言えば「余計なお世話」をしようというのです。「あえて」をつければ、言いにくいことでも出しやすくなります。

OK **あえて、この案の難点（疑問）を挙げるとしたら……。**

OK **強いて、反対の立場（違った角度）から述べるとすれば……。**

特に、日本の会議では、「言わぬが花」「知らぬが仏」となっていることがたくさんあります。ロジカルにコトを進めるためには、それこそ「あえて」出すべきです。

NG **とりあえず、今日はこんなところで……。**

OK **あえて、合意事項を確認させてもらっていいですか？**

OK **強いて、誰がやるか、担当を決めておきませんか？**

>>>> もう一歩踏み込んで、強制的に考えてみる

自分1人で考えているときも同じです。

人はどうしても自分に都合のよい結論を出しがちです。自分の考えに合う根拠ばかり集め、合わないものは目に入りづらくなります。

「当たり前だ」と思って検討しなかったり、考えるのが面倒で避けていることもあるはずです。これでは、ロジカルに考えたとは言えません。

そうならないためには、強制的に考えてみるしかありません。嫌がらず、もう一歩踏み込んで、あえて考えてみるのです。

OK **あえて、違う根拠（選択肢、基準）を挙げるとしたら……。**

OK **無理矢理、このロジックの弱いところを挙げるとすれば……。**

これは結構、面倒くさいです。やらなくてもよいことを、わざわざやるのですから。意思の弱い方は「そこまでしなくても……」となってしまいます。

そうならないためには、目標を設定することをお勧めします。「1つでいいから出そう」「最低3つ挙げてみよう」と数を決めておくのです。不思議なもので、数のしばりを入れれば、嫌なことでも頑張れます。

≫≫≫目標を決めれば必ず出てくる

本当かどうか、簡単なエクササイズをやって試してみましょう。

手元に白紙を1枚ご用意ください。縦横どちらでもよいので、真ん中に1本線を引いて、2つに紙面を分けてください。

身近な人を1人思い浮かべてみましょう。「一番嫌いな人」「一番苦手な人」といったように、ネガティブな感情を抱いている人を。上司、後輩、家族、友人、近所の人……誰でも構いませんから。

まずは、紙の半分にその人の劣っている点（短所、欠点、弱みなど）を箇条書きで簡潔に列挙していってください。いくら出してもらっても結構です。ただし、やりすぎると、どんどん腹が立ってくるのでご用心を。

あらかた出し尽くしたら、今度はその人の優れている点（長所、取り柄、強みなど）を「あえて」挙げていきましょう。目標は、少なくとも3つ、できれば5つ。どうしても無理な方は、最低1つだけでも構いません。無理にでも探し出してみてください。

いかがでしたか。3つくらいなら何とか見つかったのではありませんか。強制的に考えれば何とかなるものです。「あえて」「強いて」は、自分を追い込むためのフレーズでもあるのです。

>>>>「特にありません」で終わらせない

相手の考えを引き出すのにも「あえて」は役に立ちます。

せっかく会議をやっても意見が出ないことがよくあります。進行役が、「山田さん、いかがですか?」「田中さん、どうですか?」と指名をして発言を求めても、「特にありません」「いえ結構です」となってしまいます。

これも原因がいろいろあります。会議のテーマや進め方を見直したり、発言をする気持ちに蓋をしているもの(多くの場合、周囲のネガティブな反応)を取り除いたりするのが本来の対処法となります。

ただし、それをやっていると時間がかかります。もっと即効性の高い方法があります。「あえて」を使うのです。

OK **山田さん、ご意見は?**

NG いえ、特にありません。

OK **あえて**、述べるとしたら?

NG う～ん、田中さんの意見と同じです。

OK **あえて**、何か付け足すとしたら?

NG そうだなあ、○○のことくらいかなあ……。

OK あえて、それを具体的に説明するとしたら？

こうやれば百発百中。嘘だと思う方は一度やってみてください。必ず何か意見が出てきますから。そうなればしめたもの。そこを突破口にして、「たとえば？」「なぜ？」「他に？」といったフレーズを使って、相手の心をこじ開けていきましょう。

どんな場でもやれることはあります。「無理だ」「どうしようもない」と諦めず、勇気を持ってあえてもう一歩踏み込むこと。それが状況を変える一助となります。

ロジカルフレーズ⑲
考え方を逆転する

逆に

目からウロコの
逆転の発想

人気漫画から学ぶピンチからの脱出法

『ジョジョの奇妙な冒険』（荒木飛呂彦）は、数世代にわたる壮大な戦いを通じて、人間賛歌を描いたロマンホラー漫画の傑作です。その中に、皆さんにぜひお伝えしたい名言があります。

主人公・ジョナサン少年（ジョジョ）が、飼い犬のダニーがおもちゃをくわえて返してくれないと困っています。こんなときに、皆さんならどんなアドバイスをするでしょうか。

彼の父：ジョースター卿の秀逸なアドバイスを紹介しましょう。

なにジョジョ？　ダニーがおもちゃの鉄砲をくわえてはなさない？
ジョジョ　それは無理矢理引き離そうとするからだよ
逆に考えるんだ　「あげちゃってもいいさ」と考えるんだ（単行本4巻）

まさに逆転の発想ですね。後にジョジョは、このアドバイスを覚えていたおかげで、命にかかわるピンチからも脱出することができます。

好むと好まざるとにかかわらず、私たちの考え方には少なからず偏りがあります。得意な考え方に流れる傾向があり、不得意なほうは手をつけるのをためらいます。

ピンチが訪れると、あれこれ考える余裕がなく、なおさら慣れ親しんだ考え方で解決を図ろうとしてしまいます。うまくいかないと、余計に頼ろうとしてしまいます。そんなときこそ、思い出してほしいのがジョースター卿の教えです。

≫≫≫あえて反対の視点で考えてみる

「逆に」（反対に、かたや、一方）と強制的に考え方を逆転させれば、今まで検討していなかった考え方に目が向きます。多面的に考えるために活用してほしいフレーズです。

さまざまな転換の中で、一番やりやすいのが「視点の逆転」です。

たとえば、自分の会社の視点で考えていたのを、「逆に」顧客の視点で考えてみる、といったものです。立場、時間、空間などを逆転させれば、バランスよく物事を考えるのに役立ちます。

NG **ウチの会社にとって望ましいのは○○である。**

OK **逆に、顧客にとって望ましいことは何だろうか？**

あるいは、メリット（得）ばかり見ていたのをデメリット（損）も考える、といったように、価値を逆転するのも効果的です。

NG **このアイデアには○○と△△という優れた点がある。**

OK **反対に、このアイデアのマズい点はどこだろうか？**

逆の視点で考える上で役立つのが、第2章の「1つ目は」の箇所（110ページ）で紹介した2字熟語です。

繰り返しになりますが、損得、長短、善悪、新旧、利害、公私、自他、入出、内外、主従、難易など、相反する2つの視点がセットになったフレームワークが、熟語の中にたくさんあります。代表的なものは頭に入れておいて、いざというときに取り出せるようにしておきましょう。

強いてマイナス点を示して説得する

自分の考えを人に伝えるときにも、「逆に」は効果的です。

たとえば、皆さんが新車の購入を検討しているとしましょう。セールスマンから次の説明をされたら、どちらのほうが信頼できますか？

①この車は、スタイルもエンジンも足回りも素晴らしいです。

②この車は、スタイルもエンジンも足回りも素晴らしいです。**逆に**、燃費がやや悪く値段

も少し割高ですが、それを補ってあまりある魅力を持っています。

多くの心理学者が実験して調べたところ、教育レベルの高い人やテーマに対する知識が豊富な人に対しては、①よりも②のほうが説得に応じやすい、という結果が出ています。ある学者の調査によると約20％信頼度が増すそうです。

ともすれば、「不利益な情報を出すと損をするのではないか？」と思いがちです。ところが、自分で決定できる力量を持った人に対しては、隠すよりは出したほうが誠実で信頼できる人だと思われるのです。

相手をロジカルに説得しようと思ったら、あえて「逆に」を出す。知っておいて損はないテクニックです。

>>>>問題を問題でなくしてしまう

話を戻します。「視点の逆転」ができるようになったら、「問題の逆転」にチャレンジしてみましょう。それが冒頭で紹介したジョースター卿の教えです。

たとえば、ロジカルシンキングができなくて悩んでいたとしましょう。望ましい解決策は、どうにかして「できるようになる」です。当たり前の話です。

ここで、「逆に」を考えてみましょう。そうすれば、今までとはまったく違った解決策が見つかります。

NG どうやったら、ロジカルシンキングができるようになるのか？　何かよい方法はないものか？

OK 逆に、ロジカルシンキングができなくてもよい（困らない）ようにするには、どうしたらよいか？

OK 逆に、ロジカルシンキングができないからこそ役立つ状況って、どんな場合なんだろうか？

ロジカルの部分は上司や部下に補ってもらう、ロジカルな人たちの間でそうでないことを強みにする、ロジカルシンキングが不必要な職業に就くなど、いろいろアイデアが浮かびます。

だからといって、ロジカルシンキングができない、という問題が解決したわけではありません。問題とならない状況をつくったり、問題の意味づけを変えたりして、問題が問題でなくなったのです。これはこれで合理的な解決策だといえます。

>>>> 死中に活路を見いだすには？

実際に、起死回生の逆転劇は、「逆に」から生まれることが多いのです。

典型的な事例が、家庭用ゲーム機をめぐる戦いです。技術力に勝るソニーは、ゲーム機のスペックを上げることこそが戦いに勝つカギであると、次々とハイスペックの商品を投入してきました。

それに対して、技術力で劣る任天堂が、まったく新しいコンセプトで戦いを挑んだのがWiiです。

ゲーム好きの子どもたちの一番の悩みは、「またゲームをやっているの！」「いい加減にゲームを止めなさい！」と母親に怒られることでした。だったら、「母親に怒られないゲーム機」をつくればよいと考え、「家族が一緒に楽しめるゲーム機」をつくったのです。

その結果は、皆さんが知っている通りです。
弱みや問題は、いついかなる場合も弱みや問題ではありません。発想を転換すれば、強みや差別化ポイントになる可能性を秘めています。
行きづまったら逆を考えてみる。まさに、死中に活路を見いだすための奥義です。さすが、百戦錬磨のジョースター卿！

OK **逆に、ウチの会社の弱みが強みだとしたら、何ができるだろうか？**

OK **かたや、ライバルが苦境に立つとしたら、世の中がどう変わったときだろうか？**

One

ロジカルフレーズ⑳
排他的に考える

でなければ

未開の荒野を探し出す

今日も炸裂する〝お母さんマジック〟

「ほら、ここにあるわよ」。妻の一言に愕然《がくぜん》としました。朝からずっと探していた愛用の小さな手帳が、アッサリと見つかったからです。

カバンから取り出して手帳にメモをしたのは覚えているのですが、別のことに気をとられてしまい、どこに置いたかまったく記憶にありません。きっと無意識にチョンとどこかに置いたのでしょう。書斎からトイレまでくまなく探しても見つかりません。

ひょっとして、カバンから取り出したということ自体が記憶違いで、そもそもどこか別の場所に忘れて帰ったのかもしれません。そうなってくると捜索範囲が一気に広がります。

不安と焦りが募るばかりです。

仕方なく、恥を忍んで妻に「どこかで見なかった？」と尋ねたところ、「そんなの知っているわけがないでしょ」と言いつつも捜索がスタート。ものの数分で、想定外のところに隠れていたのを、無事に保護されたのでした。我が家で〝お母さんマジック〟と呼ばれているスゴ技です。

いくら主婦だからといって、家中のすべてのモノのありかを逐一把握しているわけではありません。「いったい、どうやって見つけ出すの？」と尋ねた私に、返ってきた答えは意外なものでした。

「そんなの簡単よ。あなたの探しそうにないところを探せばいいんだから」と。さすが、参りました。次もぜひよろしくお願いします。

まだ考えていないことを考える

一度探して見つからなかったところに探し物はありません。

にもかかわらず、「そんなはずはない」「ここにあるはずだ」「もう1回探せば見つかるかも」と同じところを探してしまいがちになります。何度も同じところばかり探して、無駄に時間とエネルギーを使ってしまいます。

いくら気合いと根性を入れ直しても、同じやり方から違う結果は生まれません。まだ探していないところを探すほうがはるかに合理的です。

この話は思考についても言えます。考えに行きづまったときに大切なのは、まだ考えていない領域を見つけ出すことです。それで、必ず活路が開けるとは限りませんが、少なくとも同じ考えを繰り返すよりはマシです。

そのためのフレーズが**「でなければ」（もしくは、あるいは、さもなくば）**です。いったん、自分が考えたことから離れて、他の道を探すために使います。

NG **○○が我々の求める答えのはずだ。**

OK **○○が答えでなければ、どこに答えがあるだろうか？**

OK **○○が答えかもしれない。でないとしたら、何が答えだろうか？**

他の人の智恵を活かさない手はない

「まだ考えていないことを考える」（排他的に考える）というのは、簡単なことではありません。自分が何を考えていないか、自分では分かりづらいからです。

一番手っ取り早いのは、冒頭の事例のように、他人から智恵を借りることです。

第三者に助言してもらったり、知人の経験から学んだり、先人たちの智恵を参考にしたり……。第2章の「1つ目は」の箇所（110ページ）で紹介した「考え方の切り口のセット」を活用する」というテクニックは、ここでも役立ちます。

NG **私にはこの道しか残されていない。**

OK **私でなければ、どの道を行くだろうか？**

OK **前に進むのでなければ、どの方向に行けばよいのだろうか？**

もっとよいのは他者とぶつかり合うことです。議論こそが、自分の壁を壊すための最善の方法となります。

それも、できるだけ違う考え方や文化を持った人とやりたいものです。

たとえば、同じ会社に勤める人たちで議論をしても、組織特有のモノの考え方から抜け出るのは容易ではありません。日本人同士で議論をしても、日本人ならではの思考の癖に気づくこともありません。

集団が持つ壁を打ち壊すには、多様なメンバーで議論する必要があります。オープンでフラットな〝異種格闘技戦〟こそが、まだ考えていないことを考えるのに役に立ちます。多様性が創造性を生み出すのです。

>>> 自分の考えを俯瞰して見る

もうひとつのやり方は、物事と距離をおいて俯瞰《ふかん》的にとらえることです。分かりやすく説明してみるとこうなります。

いま皆さんは、どこでこの本を読まれていますか。もし差し支えがなければ、本を目（顔）にドンドン近づけてみてください。そのうちに、書いてある文字も読めなければ、周りの景色も見えなくなるはずです。

思考も一緒です。自分の思考に没入していると、それを客観的に判断することができなくなります。同時に、他の考えにも気づかなくなります。まさに自分の考えにとらわれている状態です。

この状態を脱するには、自分の考えと距離を取るしかありません。それが、第2章13節（118ページ）で紹介した「そもそも」です。

目的や効用といった本質的なものにいったん立ち戻り、それを実現するための考え方のバリエーションを考えてみましょう。「何のために」「他に」の組み合わせです。

OK　そもそも、自分は何を目指して考えているのだろうか。それを実現するには、今の考えでなければ、他にどんな考え方がありうるだろうか？

これなら、考えていなかった領域が自力で見つかります。それがダメなときは、「そもそも」を何度も繰り返して、どんどん距離を遠ざけてみましょう。これが、物事を俯瞰的に見るメタ思考です。

＞＞＞＞時にはしらみつぶしに考えてみる

それでもうまくいかなければ仕方ありません。思いつくものに片っ端から当たっていくしかありません。探し物の例でいえば、家中を余さず捜索する〝しらみつぶし〟戦法です。いつか必ず見つかると信じて。

OK ○○もダメだった。○○でなければ、どこに次の糸口はあるだろうか。

試行錯誤の回数を増やして、未検討の領域をどんどん狭めていく。これも1つのやり方であり、実際にはそれしかできない場合もよくあります。

発明王エジソンが残した名言があります。

私は失敗をしたことがない。うまくいかない1万通りの方法を見つけただけだ

成功するためのもっとも確かな方法は、常にもう1回試してみることだ

天才エジソンですらこうです。「考えていないことを考える」なんて姑息《こそく》な手を使うことすら、おこがましいのかもしれません。

いずれにせよ、大切なのは、「○○に違いない」と思い込むのではなく、「○○以外にあるかもしれない」と常に疑う気持ちを持つこと。その上で、「でなければ△△」「それも駄目なら□□」といったように、次から次へと新たな考えを生み出していきます。

新たな考えを出し続けられる間は、探し物が見つかる可能性があります。あまりスマートではありませんが、時にはこういった力技も必要となります。

ロジカルフレーズ㉑
考えに同意する

たしかに

正しいことは
正しい

ロジカルでない人への賢い対処法とは？

セミナーや講演でロジカルシンキングの話をしていると、よく尋ねられる質問があります。「いくら自分がロジカルであっても、相手がロジカルでなかったら意味がないのではないでしょうか？」というものです。

たしかに、おっしゃることはごもっとも。ロジカルでない人に合理的な説明をしても分かってもらえません。「筋道なんかどうでもいい」「これは理屈を超えた話だ」と言われたら、話のしようがありません。

とはいえ、まったく手がないわけではありません。

ロジカルでない人の話は、とても理不尽なことのように聞こえます。ところが、相手も同じように感じているはず。論理で攻めれば攻めるほど、互いの距離は離れるばかりです。

そんな不毛の議論をするよりは、少しでも相手のことを認めるほうが得策です。まずは相手の懐に入らないと、ロジックもへったくれもありません。

どんなにロジカルでない人の話であっても、筋が何もないわけではありません。どんな理不尽に思える話にも、多少なりともうなずけるところがあります。それをしっかりと認めてあげるのです。

OK **たしかに、○○という点は、山田さんのおっしゃる通り△△だと思います。ところが……。**

えっ、認めるべき話が何もなかったら、どうするかって？　とりあえず、何も筋道がないことを認めてあげましょう。

OK **もちろん、理屈じゃないことは百も承知です。だからといって……。**

是々非々で臨むのがロジカルな態度

根拠が本当に事実に基づいているか、原理がいついかなる場合にも通用するか、細かいことを言い出したらいくらでも論理の穴が見つかります。ヌケモレなく考えるといっても、すべてのことを調べるわけにはいかず、自ずと限界があります。

それに、相手の言うことすべてにツッコミを入れていたら、「要は、私が気に入らないんだ」とばかり、かえってロジカルでないと思われてしまいます。まさにロジカルシンキングのジレンマです。

筋道として認めるところは認め、相手の主張の同意できるところは同意する。何でもかんでも否定するのではなく、是々非々で臨むのが本当にロジカルな人の態度です。

そのために使いたいフレーズが**「たしかに」（いかにも、もちろん、当然）**です。どこを認めて、どこを認めないかハッキリさせるときに使います。

NG **あなたの言うことは、まったく筋が通っていない。**

OK たしかに、○○の点は、あなたの言う通りです。一方……。

OK もちろん、○○という話は、私もよく分かっています。とはいえ……。

>>>> 議論の相手は問題解決のパートナー

ときどき勘違いする人がいるのですが、日常での議論や交渉と、論理思考の訓練としてやるディベートは似て非なるものです。

議論とは、互いに納得のいく問題解決のアイデアを見つけ出すためのものです。ディベートのように相手を叩き潰すことが目的ではありません。

議論や交渉においては、相手は敵ではありません。問題解決のパートナーです。相手を尊重することが、よりよい結論を出すためのベースとなります。

それには、相手の主張に共感したり、相手の考えを受け入れたりすることが欠かせません。そうすることで、自分の主張も受け入れてもらいやすくなります。

OK たしかに、あなたが言うように○○だと思います。さらに、私が言いたいのは……。

第一、いくら相手を論理的に説得しても、やる気にならなかったら期待通りに動いてくれません。「負けた」「してやられた」という感情を持たれたら、後でやっかいなことになります。

対人関係においては、論理をつきつめることと、感情に配慮することは、常に両輪です。まさに夏目漱石が名作『草枕』の冒頭で述べた、「知に働けば角が立つ。情に棹《さお》させば流される。意地を通せば窮屈だ。とかく人の世は住みにくい。」です。

>>>>予想されるツッコミに備える

「たしかに」は、もうひとつ違った使い方ができます。

ひとつ例を挙げましょう。会社の会議で「世の中にない斬新な商品を開発しよう」なんて訴えると、必ず「当たり外れが大きく、リスクが高いのではないか」という反論が飛んできます。それがあらかじめ分かっているなら、最初から予防線を張っておけばよいのです。

OK **たしかに、**斬新な商品はリスクが高いという側面を持っています。しかしながら、今、**ウチの会社の実情を考えれば……。**

あるいは、結論ではなく、思考プロセスに対して指摘を受けることがあります。「○○の点はよく考えたのか？」「△△という情報を加味した上での判断なのか？」という検討の過程に対するツッコミです。これも、あらかじめつぶしておけば、手間が省けます。

OK **もちろん、**判断に際してはリスクも考慮する必要があります。どうやって顧客にアピールするかも重要課題です。**それらを総合的に勘案してもなお……。**

「わざわざそんなことをしなくても、ツッコまれた時点で反論すればよい」という意見もあると思います。ただ、指摘されてからアドリブで答えるのと、あらかじめ用意して答えるのとでは、相手に与える印象が違います。後者のほうが、いろんな角度からロジカルに検討してきたことがアピールでき、結論への信頼度が増します。

予防線の張りすぎに注意する

ただし、1つだけ注意してください。予防線を張りすぎると、自分の主張よりも反論の部分が長くなって、本末転倒になってしまいます。特に、主張よりも先に反論への備えがくると、言い訳がましく聞こえてしまいます。

NG **たしかに、○○という反論もありえます。それに対しては△△だと考えます。もちろん、そもそも△△でいいのかという問題もあります。当然、□□も考慮すべきです。ところが……。**

中には、予防線にも反論にもなっておらず、単に知識をひけらかすために「たしかに」を使う人もいます。「だから？」「要するに？」とツッコミを入れたくなります。

NG **たしかに、日本は少子高齢化に備えなければいけません。もちろん、環境問題も重**

要なテーマです。当然、グローバル化への対応も求められ……。

こんなふうにならないよう、ポイントを絞って「たしかに」を使うようにしましょう。

OK **たしかに、日本は少子高齢化に備えなければいけません。だからといって、守りに入るばかりではいけません。たとえば……。**

最後に補足です。もちろん、「たしかに」といっても、世の中に本当に確実なことはありません。「もちろん」にしても、当然、人によって自明なことは違います。あくまでも実用上困らない程度にとご理解ください。

ロジカルフレーズ㉒

反意を明らかにする

とはいえ

懐に入ってから
技をかける

>>>>え、あの本を書かれた方ですか？

拙著の読者の方とはじめてお会いすると、たいていは驚かれます。「え、あの○○を書かれた堀さんですか？」と。ヨレヨレの紺ブレ＋チノパンにデイパックを背負って現れるからです。ましてや、「根っからの関西人です」と言うと、意外な顔をされます。

たしかに、ロジカルシンキングと聞くと、黒のスーツに臙脂《えんじ》のタイをした東京在住の経営コンサルタントをイメージしがちに。だからといって、私のような人間がいたらいけませんかね。

また、関西人だと知ると、かなりの確率で「昨日は、タイガース、惜しかったですね」

と野球の話題を持ち出されます。う〜ム、その話題は止めてくれ……。

たしかに、関西にタイガースファンが多いのは事実です。だからといって、すべての関西人がタイガースファンとは限りません。特に、私のように阪急沿線に住んでいる人の中に、タイガース／阪神電車を毛嫌いしている人が少なくありません。今でこそ1つの会社になりましたが、沿線のカラーがまるで違いますから。

第2章15節（134ページ）で「おおよそ」とザックリ考えることの大切さを伝えました。それは賢い方法なのですが、一般（平均）的にそうであっても、個別がそうとは限りません。無理に当てはめてしまうと、このような誤った判断をしてしまいます（「ルールとケースの不一致」と呼びます）。

ちなみに、関西の食べ物というと串カツを思い出す人がいるかもしれません。実は、あれは大阪のごく限られた地区（下町）での話。大半の関西人は、串カツを食べる習慣はありません。食べるとしたら、東京などから来た友人をもてなすときくらいです。誤解なきよう……。

>>>>「たしかに」「とはいえ」をセットで使う

ここで紹介するフレーズが、**「とはいえ」（だからといって、であったとしても）**です。前言を踏まえ、反対の内容を出すときに使う言葉です。論理の歪みを正すときによく使います。

前節で、何でもかんでもイチャモンをつけるのではなく、認めるところは認めよう、という話をしました。是々非々でいえば、「是」の話です。

それに対して、今度は「非」です。相手への配慮を考えれば、是を出してから非を出すのがスマートです。「たしかに」と「とはいえ」をセットで使うのがパターンとなります。

柔道で、相手の懐に入ってから技をかけるのと同じです。

OK **たしかに、人材育成は即効性のある投資ではありません。とはいえ、何もせず放置していると、ジワジワと組織を蝕《むしば》んできます。**

予想される反論に予防線を張るときも、「もちろん」と「だからといって」をセットで使うと、「お、こいつできるな!」と思わせることができます。

OK **もちろん、出世には運がつきまといます。だからといって、それをただ待つのではなく、積極的に運を作り出していかなければなりません。**

≫≫≫相反する2つの側面で検討する

「たしかに」「とはいえ」のセットが威力を発揮するのは、相反する2つの考え方を比較検討するときです。

世の中の対立軸にはパターンがあります。冒頭のタイガースの話はそのうちのひとつ、「一般/個別」の事例でした。

この他にも、「理想/現実」「変化/安定」「原則/例外」「成長/成熟」「目的/手段」「絶対/相対」「最適/満足」「自律/平等」「個人/集団」「論理/感情」「善悪/損得」などがあり、数え上げればキリがありません。

たとえば、「理想／現実」の場合はこのように使います。

OK **もちろん、理想を言えば○○がよいに決まっています。とはいえ、現実の会社の状況を考えれば……。**

もちろん、理想と現実のどちらかが常に正しいわけではありません。双方の視点で考えた上で、うまくバランスさせたり、両立できるアイデアを考えたり、その時点でのベストの答えを出すしかありません。

あくまでも、ここで述べているのは、是と非の両方の視点で考えることの大切さについてです。そこからどんな結論を導くかは、目的や状況次第です。

>>>> 因果の誤りを指摘するのに便利

もうひとつ、「たしかに」「とはいえ」のセットが活躍するシーンがあります。論理の誤りを指摘するときです。たとえば、次の主張にどう反論すればよいでしょうか。

NG **苦境に立ったときは、強みに特化するに限る。だから、我々も強い領域に集中して、苦境からの脱出を図るしかない。**

前段は、経営のセオリー（原理）としては間違っていません。一般的には、そう言われていますし、そういう事例もたくさんあります。

では、後段はどうかといえば、前段が正しいなら悪くない結論です。ただし、これだけしかないかと言われれば、そうとは限りません。「コストを切りつめる」「新商品を開発する」といった、別のやり方も考えられるからです。「しかない」と限定するのは、ちょっとやりすぎです。

たとえば、エジソンが天才だったとしても、天才がエジソンとは限りません。それと同じ話です。つまり、「AならばBである」としても、「BならばAである」とは限らないのです（逆必ずしも真ならず）。間違いやすい論理の誤りであり、反論としては次のようになります。

OK **たしかに、強みに特化すれば苦境から脱出できるかもしれません。だからといって、強みに特化することだけが、苦境から抜け出るための方法とは限りませんよね。**

>>>> 違ったカードを横に並べていく

ロジカルシンキングの本を読むと、必ず「結論を先に」「主張をハッキリ」と書かれています。本書でもそのような説明をしてきました。

それは間違いではないのですが、相手に反論するときは注意が必要です。「結論から言えば、あなたは間違っています」と頭ごなしに否定されると、防衛モードをオンにしてしまうからです。

それよりは、他の選択肢を示すことで、違った考えがあることに気づかせるほうが得策です。トランプでいえば、相手のカードを取り除いて自分のカードを置くのではなく、相手のカードの横に、違ったカードを1枚ずつ並べていくように。

NG **あなたの考えは不十分です。私の考えのほうが優れています。**

OK **たしかに、**あなたの考えは素晴らしいです。**とはいえ、**それが唯一の（最善の、完璧な）選択肢かといえば、そんなことはないはず。**たとえば……。**

どうですか。ずいぶん、ロジカルかつ紳士的に聞こえませんか。こう言われると、相手も他の考えを吟味せざるをえなくなります。

たしかに、こういった言いまわしは、やや回りくどいかもしれません。だからといって、いつもストレートにやればよいとは限りません。こういったロジカルかつ丁寧な言いまわしをマスターしておくと、いざというときに役に立つこと間違いなしです。

ロジカルフレーズ㉓
最大限で考える

できれば

精一杯、風呂敷を広げて考える

日本をブラック国家にさせないために

日本の最大の問題のひとつは、言うまでもなく少子高齢化です。子どもがどんどん減っていく一方で老人ばかり増えています。このままでは人口減少に歯止めがかかりません。

そこで政府は、「希望出生率1・8」という目標を掲げました。ここ数年の出生率が1・4前後で、1・8は約30年前の水準です。全国でダントツ1位の沖縄県が、今おおよそこのくらいです。そんな話を聞いて、いかが思われるでしょうか。

かなりの方が、「そんなの無理！」と感じられるのではないかと思います。非正規雇用が増えて所得が上がらず、保育所にはなかなか入れず、育休を取るのも大変。「1人目はともかく、とても2人目や3人目なんて……」というのがホンネではないでしょうか。

いえいえ、政府もそんなことは百も承知。だから〝希望〟出生率なのです。詳しい計算式は省きますが、「既婚者も未婚者も出産への障害がすべてなくなり、希望する夢が100%かなったらこの数字になります」というものです。いわば、行政が子育ての環境を整えるための「努力目標」です。

ところが、「努力目標」が「必達目標」に変わりやすいというのが組織の性《さが》です。「できれば1・8」が「必ず1・8」になりやすいのです。組織ぐるみで不正に走った東芝の「チャレンジ」がまさにこのパターンです。多くのブラック企業も巧みに両者をすり替えて死ぬほど働かせます。

まさか、今の政府が「産めよ増やせよ」と個人の人生の選択に圧力をかけるとは思いませんが、警戒しておくに越したことはありません。ブラック国家にさせないために。

＞＞＞＞3つの方法で意味を絞り込む

ロジカルシンキングでは、あいまいな言葉はあまり歓迎されません。思考が深まらず、コミュニケーションの行き違いが生まれやすいからです。

たとえば、「子どもの数を増やす」といっても、その程度や大変さがよく分かりません。形容する言葉をつけると意味がはっきりしてきます。

NG **子どもの数を増やしていきます。**

OK **子どもの数を大幅に増やしていきます。**

これでも「大幅」と感じる程度に個人差があります。何か（時間的あるいは空間的に）と比較して相対的に表せばイメージがつかみやすくなります。

OK **高度経済成長期並みの出生率を目指します。**

もちろん、一番よいのは定量化です。絶対的な数値で表せば、客観的に量や程度が把握できます。

OK 出生率を1・8まで上げていきます。

こんなふうに、度合いを表すのに「形容」「比較」「数値化」の3つの方法があり、後になればなるほどハッキリしてきます。内容や状況に応じて使い分けるようにしましょう。

>>>できる範囲の最大値を見積もる

問題はここからです。ロジカルシンキングでは事実か原理を根拠として使います。いずれも既に終わった過去の話であり、数値で表せば解釈がブレることはありません。

ところが、それらを元にして自分の判断や行動を考えるとなると、すべて未来の話になります。少なからず意思や推測が入ってきます。

たとえ定量化して数字で表しても、ギリギリ目一杯の目算なのか、合格スレスレの最低ラインなのか、見積もる前提によって意味合いが変わってきます。そこをハッキリしないと、誤解が生まれる恐れが出てきます。

そこでご紹介するのが**「できれば」（可能ならば、最大で、なるべく、うまくいけば）**

です。可能な範囲での最大値を表すフレーズです。

NG **出生率を1・8まで上げていきます。**

OK **できれば出生率を1・8まで上げていきます。**

こう言われると、「達成する確率は70%くらいかな」「せいぜい1・6くらいまでいければ……」と本当のところがつかめるようになります。努力（チャレンジ）目標であることが分かるわけです。

≫≫≫未来に向けての希望や意思を表す

「できれば」には、もうひとつの用法があります。「精一杯頑張って」という意味で、希望や意思を表すときに使います。

NG **この仕事を最後までやりとげたいものだ。**

OK　できれば、この仕事を何とかして最後までやりとげたいんだ。

ここで問題となるのが、希望や意思の強さです。それが分からないと、「できれば」と言っても、どれくらいできるか予想がつきません。

微妙なニュアンスを伝えるために、「できれば」にはたくさんのバリエーションがあります。ウェブ類語辞典Weblioから主なものを拾ってみましょう。

できる限り、可能な限り、なしうる限り、なるべく、極力、状況が許す限り、支障なければ、いけるなら、可能ならば、すきあらば、あわよくば、かなうなら、状況次第で、できることなら、チャンスがあれば、チャンスが与えられれば、都合よくいけば、うまくいけば、実現できるなら、機会があるなら、機会に恵まれれば……

面白いことに、対義語の「少なくとも」にはこれほど豊かな表現はありません。我々の欲望に下限はあっても上限はキリがないのかもしれません。これは英語でもまったく同じです。

先人たちが生み出してくれた豊かな語彙《ごい》を、時と場合によって使い分けをする。それが解釈のブレを少なくするひとつの方法です。

風呂敷を広げすぎたら少し畳む

先ほど「欲望に上限はない」と言いましたが、やりすぎは禁物です。まったくの夢物語では、ロジカルシンキングを活用する余地がありません。

あまりに風呂敷を広げすぎたときは、少し端を畳んでおきましょう。それが、前節で紹介した「とはいえ」です。

NG **チャンスがあれば、社長になって会社を思い通りに動かしたい。**

OK **チャンスがあれば、社長になって会社を思い通りに動かしたい。とはいえ、そう易々《やすやす》と社長になれるものではない。**

こうしておけば、「根拠もなく好き勝手なことを言ういい加減な奴だ」というレッテルを貼られずにすみます。第2章16節（142ページ）で紹介した「あくまでも」も、似たような使い方ができます。

OK **チャンスがあれば、社長になって会社を思い通りに動かしたい。しかしながら、これはあくまでも私の勝手な夢であって、なりたくてなれるものではない。**

ロジカルシンキングだからといって、夢や願望を持ち出すのが悪いわけではありません。どれだけ成功確率が低くても筋道が通っておれば実現の可能性はあります。ロジカルシンキングを駆使して、自らの目標に最短で到達できる筋道を考え出しましょう。

ロジカルフレーズ㉔
最小限に絞る

少なくとも

死守すべき
防衛ラインを引く

論理クイズにチャレンジしてみよう！

本書もいよいよ最終節。頭から通して読んでいただいている方は、ロジカルシンキングのセンスがかなり磨かれてきたのではないかと思います。締めくくりに、簡単なテストをやって理解度をチェックしてみましょう。

仕事ができる人は、ロジカルシンキングが使える。仮にこの話が正しいとしたら、次のどれが正しくてどれが間違っているでしょうか。単純にイエス／ノーのどちらかでお答えください。できる人は理由をつけて。

■仕事ができる人は、ロジカルシンキングが使える

①少なくともロジカルシンキングは、仕事ができるのに必要だ。

②仕事ができていれば、ロジカルシンキングができるのに十分だ。

③ロジカルシンキングを使える人は、仕事ができる。

④仕事ができない人は、ロジカルシンキングが使えない。

⑤少なくともロジカルシンキングが使えない人は仕事ができない。

いかがでしょうか。似たような文章ばかりで、かなり頭の中が混乱してきたのではありませんか。

分かりにくい方は、図を描くと論理のつながりがつかみやすくなります。考えるのを簡単に諦めず、じっくりと考えてから次をご覧ください。

>>>>論理だけを取り出すと分かりやすい

正解は①、②、⑤がイエスで、③、④がノーです。さて、何問正解されたでしょうか。

要は、論理のつながりをチェックすればよく、「仕事ができる人」を「日本人」に、「ロジカルシンキング」を「日本語」に置き換えても同じです。そうすれば、かなり分かりやすくなります。

■日本人は日本語が話せる

①少なくとも日本語は、日本人であるのに必要だ。➡イエス（必要条件）

②日本人であれば、日本語が話せるのに十分だ。➡イエス（十分条件）

③日本語が話せる人は日本人だ。➡ノー　日本語が話せる外国人はいます（逆）

④日本人でない人は日本語が話せない。➡ノー　外国人でも日本語が話せる人がいます（裏）

⑤少なくとも日本語が話せない人は、日本人ではない。➡イエス（対偶）

図でいえば、日本人（仕事ができる）の小さな円を、日本語（ロジカルシンキング）の大きな円がすっぽりと取り囲んでいる形になります。日本人の総数よりも、日本語が話せる人の数が多いので。納得していただけましたでしょうか。

えっ、「日本人でも日本語が話せない人がいる」ですって。だから、「仮にこの話が正しいとしたら」と言ったじゃないですか。仮定の話を前提に論理のつながりを考えてもらったわけです。

大切なことだけにフォーカスする

最後のワンフレーズは、先ほどのクイズの中で何度も登場した**「少なくとも」（最低、最悪、何はともあれ）**です。ロジカルに考える際によく使う言葉です。

OK 少なくとも、ロジカルシンキングは仕事ができる人には必要だ。

仕事ができる人はいろんなスキルを持っており、そのうちのひとつとして必ず身につけているのがロジカルシンキングです（と仮定しました）。だとしたら、他はともかく、ロジカルシンキングができないようでは、仕事ができる人になれません。

こんなふうに、「少なくとも」は、「他はすべて考慮の対象からいったん外して、これだけにフォーカスすれば」という意味で使います。

ロジカルシンキングでは、いろんな角度から多面的に考えなくてはなりません。扱う問題が複雑になればなるほど、どこが正しくてどこが間違っているか、入り組んで分かりにくくなります。

そういうときこそ「少なくとも」の出番です。大切なことにだけスポットライトを当て、シンプルに考えられるようにします。死守すべきロジックの防衛ラインを引くのです。

NG **わが社も悪いかもしれないが、顧客が正しい使い方をしていれば……。**

OK **少なくとも、わが社にも落ち度があったことは認めざるをえません。**

>>>>「必ずしも」で予防線を張っておく

「これ以上は引き下がれない最低限度を示す」のが「少なくとも」です。なので、この言葉の後には、絶対に通して（認めて）ほしいロジックが出てきます。

それでも、そこにイチャモンがつく場合があります。そうなりそうなら、あらかじめ予防線を張っておきましょう。便利なフレーズに「必ずしも」（あながち、一概に）があり